W0365993

La Vie Simple

Elaine St. James

La Vie Simple

(Des idées toutes simples pour travailler un peu moins et vivre beaucoup mieux)

Traduit et adapté de l'américain
par Maxime Chavanne

First Editions

Le présent livre a déjà été publié en 1996 aux Éditions First dans un autre format et sous le titre de *Vivre Simplement.*

Titre original *Living the Simple Life*
1996 Elaine St James
1996 Editions Générales First pour la traduction française

Le Code de la Propriété Intellectuelle interdit les copies ou reproductions destinées à une utilisation collective.
Toute représentation ou reproduction intégrale ou partielle faite par quelque procédé que ce soit, sans le consentement de l'auteur ou ses ayants cause est illicite et constitue une contrefaçon sanctionnée par les articles L 335-2 et suivants du Code de la Propriété intellectuelle.

ISBN 2-87691-431-X
Dépôt légal : 1e trimestre 1998

Nous nous efforçons de publier des ouvrages qui correspondent à vos attentes, et votre satisfaction est pour nous une priorité.
Alors, n'hésitez pas à nous faire part de vos commentaires à :

Éditions Générales First
13-15 rue Buffon
75005 Paris
TEL : 01 55 43 25 25
FAX : 01 55 43 25 20
Minitel : 3615 AC3*FIRST
Internet e.mail : firstinfo@efirst.com

En avant-première, nos prochaines parutions, des résumés de tous les ouvrages du catalogue. Dialoguez en toute liberté avec nos auteurs et nos éditeurs. Tout cela et bien plus sur internet à : www.efirst.com

Ce livre est dédié
à tous ceux qui veulent
se simplifier la vie.

Remerciements

Je suis très redevable de Catha Paquette, qui a su lire mon manuscrit avec beaucoup de finesse et de perspicacité.

Je tiens à remercier Marcia Burtt, Joe Phillips, et Pat Rushton pour leur assistance et les conseils qu'ils m'ont prodigués tout au long de l'écriture de ce livre.

Je remercie pour leur amitié sans faille et leur soutien Judy Babcock, Phil Babcock, Himilce Novas, Tiffany Miller, Marisa Kennedy Miller, Jackie Powers, Carolyn Howe, Meg Torbert, Bev Brennan, Vera Cole et Jamie O'Toole, ainsi que Michael Russer, Stu Sherman, Bob Maloy, Don Foster, Michelle Gysan, Colleen McCarthy Evans, et Maryke White pour avoir été là et m'avoir guidée.

Je tiens à remercier mon agent, Jane Dystel, ainsi que mon éditeur, Bob Miller, pour l'aide qu'ils m'ont apportée à concevoir ce livre, et j'ai été particulièrement sensible à la sagesse, la direction et le soutien de ma directrice de collection, Laurie Abkemeier.

Mille mercis à Cynthia Ferguson, Carlie Gnatzig, Erin Webreck, et à toutes les lectrices et lecteurs qui m'ont donné l'autorisation d'utiliser leurs commentaires dans ce livre, ainsi qu'à tous ceux qui m'ont écrit pour partager leur excitation, leur enthousiasme, et leurs idées pour vivre plus simplement.

Je remercie mon mari, Wolcott Gibbs, Jr, pour tout, et particulièrement pour m'aider à vivre une vie simple.

Sommaire

Bref compte rendu de la situation

C'est au cours de l'été 1990 que j'ai pris la décision de me simplifier la vie. Je venais de passer une douzaine d'années à investir dans l'immobilier. Dix heures par jour à passer des ordres, à remettre à neuf, à gérer et à vendre des biens.

L'année précédente, j'avais monté un business de séminaires immobiliers, écrit un livre sur l'investissement immobilier, et tout juste bouclé ma campagne de promo à travers tous les États-Unis.

Ma vie était régentée par un gros agenda gainé cuir, qui devait bien peser trois kilos et qui prenait la moitié de mon bureau. Chaque jour, c'était la même galère. Et chaque matin, le même défi : descendre un maximum de boulot dans un minimum de temps.

Mes études bouclées, comme beaucoup d'entre nous, j'ai dû choisir entre deux cadences de travail : vite, ou encore plus vite. Pendant un nombre d'années que je ne daignerais compter, j'ai foncé, la tête dans le guidon. Ça commençait le matin à six heures, pour finir à sept ou huit heures le soir. Non-stop.

Il serait à peine exagéré de dire que j'étais devenue une espèce de *yuppie,* toujours à courir contre la montre.

Gibbs, qui est plus âgé et plus avisé que moi, n'a jamais été un *yuppie,* à proprement parler. Mais le fait d'en avoir épousé une a suffit à lui compliquer l'existence. De son côté, sa carrière de rédacteur en chef, parallèlement à laquelle il écrivait une série de romans d'aventures, le tenait pleinement occupé. Il s'activait par ailleurs comme volontaire au sein de je ne sais quelles organisations socio-culturelles.

À nos carrières envahissantes venaient s'ajouter toutes les responsabilités et les devoirs liés à une vie normale. Et mes deux beaux-fils – avec qui nous avions passé chaque fin de semaine depuis huit ans – avaient beau voler maintenant de leurs propres ailes, il nous restait quand même quatre chats et une vie sociale des plus florissantes.

Ce fameux été 1990, les dieux ont dû me sourire. Au beau milieu de juillet, je me suis soudain calmée cinq minutes. Et là, comme si le temps s'arrêtait, j'ai regardé mon agenda dans le blanc des yeux.

Alors que je parcourais la liste de tous les appels que j'avais à passer, de tous les gens que j'avais à voir et de tous les endroits où je devais aller, ça a fait tilt. Ma vie était tout bonnement devenue un enfer. C'est là que j'ai décidé de prendre le taureau par les cornes.

J'en étais arrivée à un point où plus rien ne semblait justifier un rythme aussi dingue. Une telle masse de boulot, tant d'heures passées sur le pont, nous avaient mené à quoi, finalement ? Un beau train de vie, c'est sûr, mais à quoi bon quand on n'a ni le temps ni l'énergie pour en profiter ? Pire, quand on n'a pas un instant pour l'autre, et encore moins pour soi-même ?

En ce qui me concerne, je devais cette frustration pour une large part au fait que je ne m'éclatais pas vraiment dans mon travail. Si je continuais, c'était vraiment parce que je n'avais pas la moindre idée de ce que j'aurais pu faire d'autre. À ce stade, il me paraissait inconcevable d'envisager un quelconque virage dans ma carrière, ni de réduire le moins du monde mon temps de travail : ça faisait des années que je m'investissais, et nos deux salaires n'étaient pas de trop.

J'ai donc décidé de faire des coupes ailleurs ; j'avais l'embarras du choix. Premier objectif : prendre un peu d'air pour remettre les choses à plat.

C'était parti. Les premiers mois, nous nous sommes débarrassés de la pagaille qui nous bouffait tant de temps et d'énergie, et nous avons pris une maison plus petite. Les années qui ont suivi, nous avons complètement revu notre pratique des tâches domestiques, nos vies publiques, nos loisirs, nos emplois du temps administratifs et communautaires, la gestion de nos budgets, de nos vies personnelles et, finalement, de nos vies professionnelles.

C'est alors que m'est venue l'idée d'écrire un livre pour raconter tout ça. Et en mai 1994, j'ai publié *Simplifiez-vous la vie : 100 trucs pour calmer le jeu et profiter des choses qui comptent vraiment.* Toutes les étapes que Gibbs et moi avons dû traverser pour en arriver là sont passées en revue.

Par ce processus, nous avons réussi à dégager jusqu'à trente heures par semaine. J'ai ainsi pu me résoudre à envisager une évolution de carrière, chose qui m'avait semblé hors de question jusqu'alors, et à me pencher sur les questions émotionnelles, psychologiques, voire spirituelles qui affleuraient sous mon blindage de femme affairée, mais que je n'avais jamais vraiment pris le temps d'explorer.

J'ai alors décidé d'y consacrer un nouveau livre. Et j'ai écrit *Simple en dedans : 100 trucs pour trouver la paix intérieure et se nourrir l'âme,* qui est sorti en mai 1995.

Au début, quand nous avons pris la décision de nous simplifier la vie, nous n'aurions jamais soupçonné être à la pointe d'un phénomène de société qui allait devenir une véritable déferlante. Pour nous, il s'agissait juste de voir le bout du tunnel, après douze années de frénésie.

Si vous aussi songez à changer des choses et à vous simplifier la vie, ou que vous avez déjà commencé, sachez que vous n'êtes pas les seuls.

Selon une étude du *Trends Research Institute* de Rhinebeck (État de New York), un organisme privé spécialisé dans l'anticipation et le suivi des tendances socioculturelles, « Vivre simplement » serait l'un des mouvements phare de la décennie.

Un sondage réalisé à travers tous les États-Unis montre que près de 30 % des personnes interrogées, à partir d'un panel représentatif, ont volontairement choisi de faire moins d'heures, et donc de gagner moins, pour pouvoir se consacrer à leur famille.

De nombreux autres sondages menés ailleurs montrent que 60 à 80 % des personnes interrogées seraient prêtes à gagner moins pour faire moins d'heures.

Autant dire que c'est un changement profond qui s'opère aujourd'hui dans les mentalités. Cela veut dire que beaucoup d'entre nous en ont assez de foncer la tête baissée et de ne vivre que pour travailler, ce qui, entre parenthèses, est devenu la « norme » de ces dix dernières années. En clair, nous sommes des millions à vouloir vivre autrement.

D'après le *Trends Institute,* rien qu'aux États-Unis, 15 % des 77 millions de *baby-boomers* auront pris des mesures décisives pour se simplifier la vie d'ici la fin de la décennie. De gré ou de force.

Quand j'ai écrit *Simplifiez-vous la vie,* je pensais m'adresser à ces bons vieux *yuppies*, qui, un peu comme Gibbs et moi, ont tout misé sur le travail et qui sont devenus des machines à consommer. Ceux qui en font des tonnes et qui, chemin faisant, ont fini par ne plus savoir où ils habitent.

Mais le courrier que je reçois des quatre coins du pays montre clairement que ce besoin de vie simple touche toutes les générations, tous les milieux et toutes les professions.

Adolescents, célibataires hommes ou femmes, mariés ou retraités, ils sont riches, moins riches, et d'origines diverses : professeurs, infirmières, informaticiens, acteurs, journalistes, psys, hommes de loi, avocats, cadres, agents de sécurité, étudiants, personnalités des médias. Ils font partie de ces millions d'hommes et de femmes qui, volontairement ou non, ont mis la pédale douce sur les heures passées à justifier leur salaire, sur le nombre de mètres carrés qu'il leur faut à la maison, et sur les dépenses en tous genres, qu'elles soient d'ordre matériel ou logistique.

Comme Gibbs et moi, ils ont fini par comprendre que le jeu n'en valait pas toujours la chandelle. Pour beaucoup, ce qui compte maintenant plus que tout, c'est d'avoir du temps à soi pour réaliser ses rêves, et du temps à consacrer à ceux qu'on aime. Bref, pour faire les choses qui leur tiennent vraiment à cœur.

Pas étonnant que ça se bouscule au portillon. Jamais encore dans l'histoire de l'humanité l'homme n'a eu accès à tant de biens, à tant de lieux, à tant de choses.

On a donné. Il est temps de passer à autre chose.

Dans *Vivre simplement,* nous verrons ce que cela signifie pour les uns et les autres ; nous examinerons ce qui nous complique l'existence, ce qu'on peut éliminer, et comment changer son fusil d'épaule (première partie). Je donnerai quelques petites idées pour se mettre à la tâche, en particulier à ceux qui estiment que la vie est déjà assez compliquée comme ça sans avoir besoin de se la simplifier (partie 2), et à ceux qui ont tellement la tête dans le sac qu'ils en ont oublié ce qui compte vraiment pour eux (partie 3).

Je montrerai certains des trucs que Gibbs et moi avons compris ces dernières années grâce au temps qu'on peut gagner, et je proposerai des solutions pour régler leur compte à ceux qui ne veulent pas comprendre (partie 4).

Mon expérience m'a prouvé qu'il y a deux problèmes majeurs qui nous compliquent la vie par-dessus tout. Le premier est un combat de tous les instants : terrasser la frénésie de consommation et endiguer le flot du fatras qu'on accumule. Ici comme ailleurs, en prendre conscience, c'est déjà faire un pas vers la solution. Je vous ferai donc part des vertus d'un bon nettoyage par le vide, et comment nous avons résisté à l'intox à la consommation savamment entretenue par les médias (parties 5 et 6).

Le second gros morceau, c'est cette manie qu'on a souvent de dire « oui » quand on pense « non », une habitude qui nous empoisonne la vie à plus d'un niveau. J'évoquerai dans la partie 7 comment nous avons affronté la chose.

Autre grand dilemme : notre vie est tellement compliquée qu'on n'a pas un instant pour soi, mais on fait tout pour que rien ne change, comme pour se dérober aux questions essentielles. J'aborderai la question, et je proposerai des ouvertures pour remettre les pendules à l'heure, partie 8.

D'année en année, il y a des choix d'ordres personnel, domestique ou de style de vie qui peuvent soit nous simplifier la vie, soit au contraire nous la compliquer encore plus. Au cours des parties 9 et 10, je vous ferai part de mon expérience (ainsi que de quelques suggestions de lecteurs) dans ce domaine.

Mais c'est vraiment quand arrivent les enfants que savoir consommer, et surtout apprendre à dire non, demande le plus d'efforts. Au cours de la partie 11, je combinerai mes propres observations à la sagesse de plusieurs lecteurs, et d'un ou deux experts, pour proposer quelques idées qui pourraient bien vous changer la vie avec vos rejetons.

Ne pas avoir le choix, ça complique la vie. Mais en avoir trop, c'est pire. Rendez-vous partie 12 pour examiner les cruels dilemmes qui se présentent aux femmes, rayon penderie. Gibbs, quant à lui, vous fera part de ses réflexions concernant le rayon Hommes (partie 13).

Pour finir, j'ai dressé une liste d'adresses utiles. Ce choix de livres aborde d'autres questions encore, liées celles-là à l'organisation, au budget, au style de vie et au travail. Ça aussi, ça pourrait bien vous simplifier la vie.

Une journaliste m'a demandé récemment si j'étais satisfaite d'avoir changé tant de choses dans ma vie et de me l'être simplifiée à ce point. Ma réponse a été oui, évidemment.

Elle m'a ensuite demandé : « Si c'était à refaire, vous recommenceriez ? » J'ai répondu oui, évidemment. Pour rien au monde, je ne voudrais replonger dans une vie aussi compliquée.

Alors, elle m'a demandé si j'aurais été aussi prompte à réagir si, au lieu d'en prendre la décision moi-même, quelqu'un me l'avait soufflé. « Pas sûr ! », ai-je balancé du tac au tac.

Mais en y réfléchissant, j'ai réalisé que si quelqu'un m'avait suggéré des trucs vraiment simples pour aérer un peu mon emploi du temps (je n'ai pas dit le bouleverser), je me serais au moins accordée un break pour étudier la question.

Si quelqu'un avait été capable de me démontrer qu'en grattant chaque jour un tout petit peu, on arrive à dégager chaque semaine un temps précieux non pas pour bosser plus, mais pour bosser moins, j'ai la faiblesse de penser que oui, j'aurais envisagé la chose.

Si quelqu'un m'avait fait remarquer qu'en réduisant les heures qu'on passe chaque jour au bureau, on devient plus productif, je crois que je me serais jetée à l'eau.

Si j'avais pu me rendre compte qu'en s'autorisant un peu plus de bon temps, on libère sa créativité au point de remettre en question un boulot qui vous prend la tête, et d'envisager de rebondir sur un autre qui, comme c'est mon cas, peut devenir un enchantement de tous les instants... Sûr que je me serais montrée un brin sceptique... Mais vu que l'espoir fait vivre, j'aurais probablement tenté le coup.

Et si quelqu'un m'avait convaincue que tout ce temps gagné me permettrait finalement de regarder en face les problèmes que je contournais savamment depuis des années (surmonter mes peurs ou apprendre à pardonner, par exemple) et qu'en plus tout ça me permettrait de m'épanouir, tant vis-à-vis de mes proches qu'au fond de moi-même, croyez-moi que je ne me serais pas fait prier.

C'est ce que je voudrais arriver à vous faire comprendre avec *Vivre simplement.* Si l'idée de vous simplifier la vie vous interpelle quelque part, accordez-moi une chance. Et laissez-moi vous donner un avant-goût de la sensation de liberté inouïe que peuvent donner deux ou trois bénins petits coups de ciseaux dans le marathon quotidien qui est le vôtre.

Vous allez voir qu'il ne s'agit pas de bazarder tout ce pour lequel vous avez travaillé si dur ; il s'agit juste de faire le bon choix parmi les différentes options qui s'offrent maintenant à vous. Eh oui, à force d'en vouloir trop, on finit par passer à côté de l'essentiel. Reste donc à savoir ce qui l'est vraiment pour vous. Et à se dégager en douceur de ce qui ne l'est pas.

Vous allez voir que se simplifier la vie, ça ne veut pas dire partir à Trifouillis-les-Oies ou porter son linge sale à Maman. C'est ici, et tout de suite, que ça se passe. Réduire la corvée de lessive, oui, mais surtout les autres, à commencer par toutes celles qu'on s'inflige du matin au soir et du soir au matin. Histoire de pouvoir se consacrer un peu à sa famille, à ses amis, à son environnement et pourquoi pas, au reste du monde.

Si vous avez déjà adopté la vie simple, j'espère que ce livre vous donnera quelques idées auxquelles vous n'aviez peut-être pas pensé, ou en tout cas de nouvelles perspectives pour pousser la chose un cran plus loin.

Si vous ne m'avez pas attendue pour vivre simplement, puisse-t-il vous conforter, je n'ai pas dit vous absoudre, dans les choix pas forcément évidents que vous avez dû faire : ils en valent la peine, j'en suis sûre.

Quand on commence à calmer le jeu, à tailler dans le gras, à dégager du temps (du vrai) pour soi-même, les choses qui comptent vraiment éclatent en pleine lumière. On commence (ou on recommence) à donner le meilleur de soi au travail. On commence (ou on recommence) sa vie. Sa vraie vie. Et chacun la mène comme il l'entend.

Oh, vivre simplement n'est pas une panacée. Ce n'est pas ça qui va résoudre tous nos problèmes. Ce n'est certes pas ça qui changera la face du monde. Mais c'est déjà un début.

I

La Vie Simple

1
Ce que Gibbs et moi on entend par « La Vie Simple »

Quand Gibbs, mon cher mari, et moi-même avons décidé de nous simplifier la vie au beau milieu de l'été 90, nous ne savions pas trop dans quoi nous allions nous embarquer. Je ne dis pas que nous étions mal lotis. Loin de là. On avait juste un peu oublié de vivre.

Ce qui est sûr, c'est qu'il n'a jamais été question de tout plaquer. Aller garder des chèvres dans le Larzac, ce n'était pas vraiment notre tasse de thé. Calmer le jeu, d'accord ; arrêter tout, non. La retraite, ce sera pour plus tard. En attendant, il fallait bien faire bouillir la marmite. L'idée, c'était de commencer à vivre simplement ici, dans la ville qu'on aimait, et avec les gens qui comptaient vraiment.

Pour nous, ça voulait dire par exemple balancer tous les trucs qu'on accumule et qui ne servent à rien, sauf à prendre de la place et à encombrer les placards. Ça voulait dire emménager dans plus petit, et surtout dans un endroit moins galère à entretenir.

Ça voulait dire réduire les corvées ménagères, celles de tous les jours et celles du week-end (faire la cuisine, les courses, le ménage, le jardin) et en profiter pour apprendre à regarder le soleil se coucher, faire des petits travaux dans la maison et passer de bons moments en famille ou entre amis.

Ça voulait dire arrêter d'acheter n'importe quoi, pas seulement par égard pour la couche d'ozone, mais aussi pour réduire la masse de choses inutiles qui nous coûtaient la peau du dos en temps, en mètres carrés, et en primes d'assurances.

Ça voulait dire apprendre à dire non à toutes ces prétendues obligations, les cérémonies officielles et les dîners en ville, pour pouvoir savourer un instant de silence, plancher sur un truc créatif ou, pour une fois, rester à la maison et ne rien faire.

Pour Gibbs, qui adore son job mais qui se faisait des journées impossibles, ça voulait dire gagner trois à quatre heures par jour de stress dans les embouteillages. Mieux valait les passer dans les bras l'un de l'autre. Et puis il avait ses romans, ses activités annexes, son bénévolat...

Pour moi, ça voulait dire qu'au lieu de marner dix à douze heures par jour sur un boulot pas franchement excitant, j'allais ramener mes journées de travail à six ou huit heures, à m'éclater à écrire des livres.

Ça voulait dire se donner deux-trois ans pour arrêter les journées-marathon, les courses insensées contre la montre, pour en arriver où nous en sommes arrivés : avoir quatre bonnes heures par jour pour lire, penser, rêver, se faire une balade bras dessus bras dessous, bavasser au téléphone avec les copines et taquiner les chiens avant d'attaquer la journée.

Là, on en n'était qu'aux balbutiements. Jamais on n'aurait imaginé tout le bon temps qu'on allait se prendre. En tout cas, ça s'annonçait bien. Après des années passées à un train d'enfer, ça allait nous faire des vacances.

2
Chacun son truc

Tout m'a paru limpide quand j'ai compris que se simplifier la vie, c'était très relatif. Prenez Oprah Winfrey, par exemple. Notre star nationale s'est simplifiée la vie en bazardant, sous prétexte d'une vente de charité, les wagons de tenues délirantes qu'elle avait accumulées, jour après jour, en dix ans de shows télé. Et en découvrant qu'il suffit de débrancher le téléphone pour être tranquille à la maison.

Barbra Streisand, elle, s'est simplifiée la vie en vendant cinq de ses sept maisons, et dans la foulée sa collection de lampes Tiffany.

Pour David, un prof de 42 ans qui racontait ça à une de mes conférences à San Diego, c'est encore autre chose. Pour lui, ça consiste à tout faire tenir dans huit cartons, pourvu qu'on lui laisse une lampe pour lire.

Sa maîtrise d'enseignement sous le bras, il loue ses services comme précepteur dans les bonnes familles. Il y a vingt ans, il a décidé de s'en tenir à deux heures de travail par jour, quatre jours par semaine ; cela subvient amplement à ses besoins. Le reste de son temps, il le consacre presque exclusivement à des enfants en difficulté, bénévolement.

Ellen, 41 ans, avocate et célibataire, m'écrit du Nord-Ouest. Elle, elle a décidé de se simplifier la vie en vendant sa maison et en se débarrassant de son cabinet à la première occasion. Elle voulait y voir un peu plus clair et pouvoir décider ce qu'elle voudrait faire (en tout cas, rien qui n'ait à voir de près ou de loin avec le Barreau, et définitivement rien qui ne ressemble à une grande maison à entretenir).

Si j'en juge par le courrier des lecteurs de mes livres précédents, par toutes les histoires qu'on me raconte ou qui me reviennent de tous les côtés – sans parler des témoignages qui passent à longueur de journées dans les journaux ou à la télé –, se simplifier la vie, ça veut dire ceci : prendre une ou deux initiatives, trois à tout casser, pour réduire le stress qui nous pourrit la vie.

Ça peut vouloir dire essayer d'évoluer dans son job, ça peut vouloir dire envisager de le quitter, mais dans tous les cas il faut tailler dans les heures de boulot.

Ça peut vouloir dire habiter dans plus petit ou partir vivre ailleurs. Ou encore tout simplement changer ses habitudes en restant où on est.

Ça veut parfois dire balancer tout par-dessus bord ; la bête noire, ce sont les trucs inutiles qui s'accumulent jusqu'au plafond. Et arrêter d'acheter n'importe quoi. Parce que trop, c'est trop.

Ça peut vouloir dire trouver son équilibre. Entre s'épanouir dans le travail, consacrer du temps à ses proches, et penser à se nourrir la tête, il y a un juste milieu à trouver.

Pour les uns comme pour les autres, se simplifier la vie, c'est surtout se reprendre en main. Et il suffit de pas grand-chose.

3
Histoire de cette Yuppie qui voulait faire simple

Chère Elaine,

Je me suis régalée avec votre livre *Simplifiez-vous la vie,* et je tenais à vous en faire part.

Nous aussi, nous avons beaucoup gagné en changeant radicalement notre façon de vivre. Nous étions des jeunes cadres dynamiques, des *yupppies* pour ainsi dire, dans de très grosses boîtes à Dallas, au Texas. Plutôt portés sur les choses matérielles, je dirais.

Et puis on a eu les enfants. Le premier a deux ans, l'autre a sept mois : autant vous dire je n'ai pas le temps de m'ennuyer. Et encore moins de faire compliqué. Les gens me demandent toujours comment j'y arrive, et je leur réponds : « Simplicité et organisation ». Nous nous sommes installés plus au nord pour assurer aux enfants un environnement sain, et une éducation digne de ce nom. La première chose que j'ai faite quand nous avons décidé de nous simplifier la vie, ça a été de quitter mon job.

Je me suis épargnée du même coup les histoires de crèche, et les embouteillages. Maintenant, je travaille à la maison. J'ai toujours su m'organiser, mais je dois dire qu'avec l'arrivée des enfants, je suis devenue une véritable experte.

Moi aussi, je fais la plupart des trucs dont vous parlez dans votre livre. Ce dont je suis la plus fière, c'est que du haut de mes 31 ans, j'ai été plutôt rapide à la détente.

Le plus dur, c'est de le faire comprendre à ceux de notre âge. Ils se disent que si on en est arrivé là, c'est uniquement parce que j'ai adopté une attitude négative depuis que j'ai quitté mon emploi, ou alors qu'on a du mal à boucler les fins de mois. Ils ont tout faux, car c'est justement le contraire. Mais allez leur expliquer. Ce n'est pas qu'on ne peut pas avoir un répondeur qui fait télécopieur, c'est qu'on n'en veut pas ! Moi aussi, je passais des heures au téléphone à mon boulot mais franchement, je ne vois pas ce que ça a d'excitant.

Je me suis dit : « Allez, laisse tomber. Laisse-les se demander pourquoi tu as l'air si heureux et si sûr de toi depuis quelque temps. »

Salutations sincères,

Cynthia Ferguson Byron Center (Michigan)

4.
Carlie et sa cabane en Alaska

Chère Elaine,

J'habite Skagway, en Alaska, à cent cinquante kilomètres environ au nord de Juneau. Ce matin, à l'heure de mon quart d'heure (que j'emploie en général à lire un bon livre, en sirotant un jus de pomme chaud), doucement, j'émerge, j'ai reçu votre livre, *Simplifiez-vous la vie.*

Des parents à moi de Vail, dans le Colorado, me l'avaient envoyé. Comme justement j'ai été un peu bousculée ces derniers temps, je me suis dit que j'allais y jeter un coup d'œil.

Je me suis aperçue non sans plaisir que, dans la plupart des 100 trucs pour se simplifier la vie dont vous parlez, j'obtiens une note plus qu'honorable. Merci de me rappeler la vie de chien que mène l'immense majorité des Américains, comparée à la mienne.

J'ai bien regardé mes 37 m^2 de bungalow et là, j'ai rigolé un bon coup. Et moi qui pensais que ma vie était compliquée ! Mon bungalow est situé à douze kilomètres de Skagway (population : 720 habitants), je n'ai pas l'électricité, et la seule eau « courante » dont je dispose est celle d'un ruisseau de montagne, juste à côté, qui me fait office d'Evian depuis bien cinq ans. Parlons plutôt d'eau « coulante » ! Je me chauffe au bois et j'ai une bonbonne de gaz pour cuisiner. Les toilettes, bien que superbes et résolument *clean,* sont à l'extérieur. L'été, je mets les trucs au frais dans l'eau du ruisseau et l'hiver, dans le bac à plantes, devant la fenêtre. De ma fenêtre, je vois s'ébattre les phoques dans le petit port et j'entends les dauphins qui crachent au loin.

En guise d'aérobic, j'ai tout mon bois à couper et je fais douze kilomètres à vélo chaque jour pour aller travailler. L'hiver, comme tout ferme, qui voudrait de mes talents de comptable ? Donc, je bulle cinq ou six mois par an.

Ça c'est de la qualité de vie. Rien qu'hier, j'ai vu un ours et un coyote tout près d'ici. Et l'aigle que vous voyez au dos de cette carte me suit tous les matins jusqu'à mon travail !

L'air est pur, l'eau est nickel et j'ai plein d'amis adorables. J'ai fini par oublier que rares sont les gens qui vivent comme on vit par ici.

Nous ne sommes ni des vieux babas ni des maos sur le retour. On s'est simplement simplifié la vie. Incroyable, ce qu'on peut dépenser moins. J'ai juste ramené une batterie de voiture pour brancher mon combi-CD. Vous n'imaginez pas la place qu'on peut gagner sans toutes ces conneries d'engins, avec leurs fils dans tous les sens. Je ne dis pas qu'il ne nous arrive jamais de louer une vidéo. Mais la première chose dont je me sois séparée, c'est de ma télé. Et je m'en félicite tous les jours.

Merci de rendre vos belles idées accessibles. Tout le monde n'est pas forcément prêt à mener le genre de vie que je mène. Mais il y en a sûrement qui vont renoncer à leur régime débile, arrêter de se faire du mal au Gymnase Club et peut-être enfin sourire un peu dans la rue !

Splendide journée à vous,

Carlie Gnatzig — Skagway (Arkansas)

5
Et pour vous, « vivre simplement », ça veut dire quoi au juste ?

Tout le stress qu'on accumule avec ces vies de dingues, toute la pression qu'on nous met, ça donne envie de prendre le large. À tel point qu'on s'imagine que faire son sac et tout plaquer est la solution à tous nos maux.

Mais comme le dit si bien Carlie Gnatzig, le plan « Ma Cabane au Canada », ou même en Alaska, n'est pas une décision qu'on peut prendre à la légère. Regardez tous ces gens qui mettent la clé sous la porte et qui partent s'installer à la campagne. On ne les compte plus, ceux qui s'aperçoivent que finalement ce n'est pas si simple, ou qu'ils ne sont pas faits pour ça.

Aussi alléchant que ça puisse paraître, ce n'est pas la seule façon de vivre une vie simple. D'autant que pour la plupart d'entre nous, c'est un leurre.

Et puis pourquoi vouloir tout chambouler d'un coup ? Mieux vaut procéder par petites touches. Commencez par deux ou trois petits trucs, et vous allez tout de suite voir la différence.

Alors avant d'enfiler la panoplie de Mister Bean, donnez-vous un moment, si vous ne l'avez pas encore fait, pour vous interroger sur ce que ça veut dire pour vous, « vivre simplement ».

En prenant des mesures pour vous simplifier la vie, qu'espérez-vous ? Que faudrait-il qu'il se passe pour que vous fassiez le pas ? Le moment venu, saurez-vous saisir votre chance ? Pouvez-vous commencer à faire des petits changements là, tout de suite ? Ou faut-il que vous changiez de quartier, ou de ville, pour commencer à vous simplifier la vie ?

Vous allez peut-être changer de cap en cours de route. Mais attention, ce qui a l'air simple pour les uns ne l'est pas forcément pour les autres. À l'usage, la façon dont on voit les choses peut se révéler très éloignée de ce qu'on imaginait au départ.

Pour être sûr d'arriver à bon port, mieux vaut savoir où l'on va.

6
Cent trucs qui nous pourrissent la vie

Il y a mille choses qui nous compliquent la vie. J'ai commencé à les lister. En voici déjà une centaine.

Les grosses maisons. Les gros emprunts-logement. Les voitures qui coûtent la peau des fesses en notes de garagiste. La taxe foncière. Faire des travaux. L'inflation. Les crédits permanents. Les facilités de crédit. La dette de l'État. Collectionner les cartes de crédit. Payer des agios. Le crédit à la consommation.

Les semaines de cinquante heures. Les semaines de soixante heures. Faire deux boulots à la fois pour éponger les mensualités du crédit-logement et les remboursements du crédit-voiture. Passer deux heures par jour dans les transports en commun. Les embouteillages. Les accidents de la route. Les patrons pas faciles. Les employés obstinés. Les collègues. Les clients casse-couilles. Les associés ingrats. Les assemblées générales. L'organisation verticale. S'ennuyer ferme dans son boulot. Ne plus supporter son boulot. Passer son temps au boulot, même quand on aime son boulot. Chercher du boulot.

Ne jamais avoir une minute pour les amis. Ne jamais avoir une minute pour soi. Les charges administratives. Les réunions de comité. Les invitations à dîner chez les voisins. Les voisins. Les charlatans de la médecine. La politique. La langue de bois. Les séances publiques à l'Assemblée. Les avocats. Les actions en justice. Les livraisons en 24 h qui arrivent avec 24 h de retard. Les ouvriers qui n'arrivent jamais. Les entrepreneurs qui auraient mieux fait de ne jamais arriver.

Les sollicitations incessantes pour envoyer de l'argent. La télé. La pub. Les procès en direct. Les démarcheurs par téléphone. Le signal d'appel. Internet. Le *E-mail.* Les recommandés avec AR. Les prospectus plein la boîte aux lettres.

Crouler sous le foutoir. Ne pas avoir le choix. Avoir tellement le choix qu'on n'arrive pas à se décider. Les appareils conçus pour lâcher au bout de trois ans.

L'alcool. La drogue. La cigarette. La pollution. Les impôts. Le sexe pas *safe.* Les régimes. Le trip bio. Les engins de muscu qui rouillent à la cave. Les médecines douces. Les gadgets pas chers qui ne marchent jamais. Les gadgets hors de prix qui ne marchent pas mieux. Les couples qui marchent encore moins. Les médicaments qui soignent un truc et qui vous en collent un autre. Tomber malade. Choisir une mutuelle.

Se mettre en colère. Se faire du souci. Avoir les boules. Être constamment dans le rouge. Le temps pourri. Les catastrophes naturelles. Les plans foireux de baby-sitter. Les sacs plastique qui ne veulent pas s'ouvrir. Faire la déclaration d'impôts. Les offres d'abonnement qu'on n'a jamais demandées à personne...

Le pain artisanal industriel. Les encarts publicitaires rigides qui empêchent de feuilleter les magazines. Le son de la télé qui monte pendant la pub. Les cocktails de vitamines. Attendre deux heures au téléphone quand on appelle les renseignements. Sentir la frite quand on sort du resto. Devoir mettre une pièce de 10 F pour prendre un Caddie.

Continuez la liste vous-même !

7
Éliminons, éliminons

Toutes ces choses ne nous compliquent pas forcément la vie. Mais elles nous la compliquent plus souvent qu'on ne le croit, et sans qu'on s'en aperçoive.

À ce stade, dans la culture qui est la vôtre, il vous est peut-être difficile d'éviter toutes les complications. Mais on élimine plus facilement qu'on ne croit. Il suffit d'être sélectif.

Ça, c'est un gros morceau, quand on veut se simplifier la vie.

Reprenez la liste des 100 trucs qui nous empoisonnent la vie et cochez ceux qui vous concernent directement.

Si vous pensez à d'autres trucs, n'importe lesquels, rajoutez-les.

Sur cette liste, il doit y en avoir une douzaine contre lesquels on ne peut pas grand-chose (du moins ni par voie légale ni de notre vivant). Je parle entre autres de l'inflation, de la dette de l'État, des appareils faits pour lâcher au bout de trois ans, des impôts, du temps pourri, des catastrophes naturelles, des sacs plastique qui ne veulent jamais s'ouvrir, et des offres d'abonnement qu'on a jamais demandées à personne.

Pour tous les autres, et vraisemblablement pour tous ceux que vous avez rajoutés, il y a certainement moyen de faire quelque chose, ou en tout cas, d'une manière ou d'une autre, de les éviter.

Trouvez-les, ça va vous simplifier la vie. Le reste, c'est du détail.

8

Souvenez-vous, c'était le bonheur...

Demandez à n'importe qui ayant passé la barre des trente-cinq ans de vous parler de sa grande époque. La plupart vont vous dire « Merci, ça va pas mal pour moi », même s'ils reconnaissent qu'on se marre pas tous les jours.

Mais cuisinez-les un peu, et vous verrez resurgir tel ou tel souvenir de jeunesse : cet été particulièrement sublime loin des soucis et des responsabilités, ou ces semaines de paix royale passées à la campagne, à taquiner le goujon où à se faire dorer la pilule au bord de la piscine.

À moins que ce ne soit la grande époque où ils étaient encore jeunes et beaux, et pas encore casés, ou alors jeunes mariés et fous amoureux. Rien qui ne les attache, pas de crédit-logement à rembourser tous les mois, à la limite un petit crédit pour la voiture. Ça bossait dur, mais pas au point de rentrer à plat, complètement vidé, à des heures impossibles. Pas de mutuelle, pas d'assurance tous risques, pas d'assurance-vie, pas de taux effectif global, pas de Sicav, pas d'impôts. *Cool,* quoi.

Personne ne vous dira qu'il a envie de revenir en arrière, de redevenir jeune, sans attache et sans un truc à lui. Mais combien paieraient cher pour retrouver l'insouciance ?

D'ailleurs, pour se simplifier la vie, il faut s'accrocher. Changer de boulot, gagner moins, déblayer la maison, mettre de l'ordre dans son ménage, se regarder en face, bref, changer ses habitudes, ça peut paraître compliqué.

Alors souvenez-vous du bon temps, quand tout avait l'air si simple. Servez-vous-en pour vous faire une idée claire de ce que ça veut dire pour vous, vivre simplement. Et mettez ça dans votre ligne de mire.

9
Qu'on arrête de nous bassiner avec ça !

Le plus dur quand on cherche à se simplifier la vie, c'est de remettre en cause toutes les idées reçues qui nous l'ont rendue si compliquée.

Moi, par exemple, ça faisait des années que j'étais obsédée par mes devoirs de maîtresse de maison : faire le ménage, ranger, organiser etc... Dès qu'on a pris les choses en main, c'est-à-dire dès qu'on a déménagé pour plus petit et qu'on a arrêté d'acheter n'importe quoi n'importe comment, c'est par là que j'ai commencé.

Un jour que la municipalité parlait de nous rationner l'eau, pour cause de sécheresse, on a décidé de faire tourner la machine moins souvent. Après tout, il suffisait de porter nos habits un tout petit peu plus longtemps, et d'arrêter de changer les draps et les serviettes une fois par semaine, systématiquement, comme je l'avais toujours cru indispensable.

Bizarrement, je ne m'en suis pas plus mal portée pour autant. Comme Gibbs avait été rédacteur en chef de *Yachting,* on avait passé pas mal de temps sur des bateaux ; ça apprend à éviter de se mettre sous le vent, quand on veut parler à quelqu'un !

Mais quand on a été élevée dans une maison où ne pas changer les draps et les serviettes une fois par semaine est un crime de lèse-majesté, comme c'est mon cas, on a du mal.

Coup de bol, Éric, le plus jeune de mes deux beaux-fils, venait de terminer son cycle à la fac et me dit : « Flippe pas, Elaine. Moi, j'ai passé quatre ans sans changer les draps une seule fois. »

C'est la sécheresse qui nous a forcé à espacer les lessives. Mais c'est cette réplique d'Éric qui m'a permis de relativiser les choses. Et très vite, je me suis rendue compte à quel point ce genre de trucs peut vous simplifier l'existence.

De fil en aiguille, j'ai pris conscience du ridicule d'un certain nombre de mes autres fixations, les verres furieusement propres, genre « cachez ces taches que je ne saurais voir », ou les parquets impeccables. Soudain, j'ai vu d'un tout autre œil les sacro-saintes corvées de maison : le linge plus blanc que blanc, les couleurs ravivées, les carrelages qui étincellent et les dessus de table tellement briqués qu'on peut se voir dedans.

Quand on se penche un peu là-dessus et qu'on les prend une par une, on s'aperçoit du ridicule achevé de toutes ces histoires. Vous connaissez quelqu'un, vous, qui s'est fait virer parce que son col de chemise n'est pas lavé avec le nouveau Le Chat machine sans phosphates ? Et les Bolognaises ? Il faut pouvoir se regarder dans le dessous de la poêle pour pouvoir les apprécier, peut-être ? Les invités vont plier bagage en hurlant, parce qu'on n'a pas rincé les serviettes de bain au nouveau Minidou fraîcheur extrême…

Je ne dis pas qu'on n'a plus le droit de faire le ménage ou qu'il ne faut plus laver son linge. Je dis simplement qu'on peut le faire autrement, à son propre rythme et selon ses propres besoins, sans forcément servir la soupe aux gros industriels du produit d'entretien.

Ce n'est ni un réel besoin ni une quelconque volonté qui nous poussent à nous mettre au garde-à-vous devant eux.

C'est une stratégie élaborée autour d'une grande table par quelques cols blancs, chez Unilever ou chez Johnson, pour ne citer qu'eux. Chaque année, on injecte des millions de dollars pour nous bassiner avec cet « idéal de propreté » et le reste. On met toute la gomme pour nous le faire embrasser avec servilité, faute de quoi nous ne sommes que des médiocres, des incompétents, des instables, des frustrés ou des marginaux.

Voilà trente ans qu'on brade notre vie de famille, nos week-ends et nos heures de sommeil, qu'on dilapide tout notre argent, toute notre énergie et toute notre indépendance à essayer de ne jamais faillir à leurs commandements. Et qu'est-ce qu'on a gagné, dans l'affaire ? Rien, sinon une vie pas possible, et à engraisser quelques centaines de cadres supérieurs qui ne pensent qu'à se remplir les poches.

Et s'il n'y avait qu'au rayon Entretien que nous laissons les gourous du marketing décider à notre place ! Qui peut prétendre un seul instant être imperméable à ces stratégies qui n'ont qu'un objectif : nous culpabiliser pour nous faire mettre la main au portefeuille ? Qu'il s'agisse de notre prochaine paire de chaussures, de notre dentifrice, de la sauce pour les pâtes, de notre destination de vacances, de notre voiture ou des jouets de nos enfants, c'est toujours la même histoire : on est manipulé par la pub.

Je ne prétends pas avoir réussi à m'affranchir totalement de ces arrêtés lamentables. Loin s'en faut. Je reconnais que privée de ma Clio, je ne serais plus tout à fait la même, et qu'il est peu probable, question rouge à lèvres, que je résiste un jour au Kisskiss de chez Guerlain. Mais de comprendre que derrière tous ces choix, somme toute sans conséquences, il y a des gens qui tirent les ficelles, ça m'a permis de me simplifier la vie. Grandement. Et pas seulement dans ce domaine.

À quel moment il faut dire stop ? Bien malin qui saurait le dire. Mais vous qui voulez vous simplifier la vie, commencez donc par compter le nombre de choses, dans une journée, que les glorieux chefs de produits de chez Procter & Gamble ont orchestrées pour vous de A à Z, du haut d'un de leurs petits « brainstormings » !

10

Un job plus simple ? Bien sûr, que c'est possible !

C'est avant tout le boulot et les horaires de boulot qui nous compliquent la vie. Normal, puisque le bien-être matériel dépend de la feuille de paie. Sans des rentrées tous les mois, qui va remplir le frigo, qui va payer le crédit-logement tous les mois, et qui remboursera la voiture ? Pas de job, pas de vie. Voire pas d'identité.

J'entends les gens qui me disent : « Je veux bien me simplifier la vie, mais il faut d'abord que je la gagne ! »

Mais entre gagner sa vie et vivre pour travailler, il y a un monde. Ceux qui bossent comme des dingues savent de quoi je parle.

Comme on voit, ils sont nombreux, ceux qui ont déjà choisi de vivre autrement, ou qui sont prêts à gagner moins, voire à changer de voie, pour pouvoir se consacrer à leur famille ou à leurs centres d'intérêt.

Si l'on en croit un sondage réalisé aux États-Unis par le Merck Family Fund, 28 % des adultes actifs déclarent avoir volontairement revu leur salaire à la baisse au cours des cinq dernières années. Pourquoi ? Parce que leurs priorités ne sont plus les mêmes. D'autres n'ont pas eu le choix : les réductions de masse salariale ou les aléas de l'Économie les y ont forcés.

Mais si vous êtes dans le même état d'esprit que moi il y a quelques années, je veux bien croire que votre carrière, c'est sacré, et que l'idée d'y toucher le moins du monde est totalement exclue. Si vous êtes comme moi à l'époque, vous devez être en train de vous dire : « Quitter mon boulot ? Non mais tu rêves ! Et faire un mi-temps, pas question. Comment je vivrais ? D'amour et d'eau fraîche ? Il faut que je gagne ma vie, moi... »

Pour le coup, je vous crois sur parole. Impossible pour vous de quitter votre boulot. En tout cas pas maintenant. Ni demain. Ni dans un mois. Peut-être même pas l'année prochaine.

Une fois que j'ai commencé à y voir plus clair, il ne m'a pas été trop dur de ramener mes journées de travail à huit ou neuf heures. Mais il m'a bien fallu deux ou trois ans avant de pouvoir envisager sérieusement de quitter l'immobilier, et de faire autre chose. Quand on est dans la panade, difficile de changer de boulot. Difficile même d'y penser.

Alors, si rien que l'idée vous donne des sueurs froides, oubliez ça pour l'instant. Concentrez-vous plutôt sur ce qui est à portée de votre main, dans d'autres domaines.

Vous simplifier la vie dans d'autres domaines va vous donner un ballon d'oxygène. Vous allez y gagner en temps. Vous allez y gagner en énergie. Votre banquier va moins vous mettre la pression. Forcément : quand on vit plus simple, on dépense moins.

Avec plus de temps et moins de stress, vous allez pouvoir envisager des trucs que vous n'imagineriez même pas aujourd'hui. Une fois que vous vous serez débarrassé de tout ce qui vous encombre, vous allez voir votre job d'un tout autre œil, ou peut-être saisir une occasion en or.

Certes, il faut bien gagner pitance. Non seulement pour chaque jour de la sainte semaine, mais aussi pour nos années de retraite. Mais si Vicki Robin et Joe Dominguez, les auteurs de *La Bourse ou la vie,* bouclent effectivement la boucle avec 2 500 francs par mois depuis plus de vingt ans, rien n'est vraiment à exclure en termes de réorientation de carrière ou de changement de boulot.

Je ne dis pas que tout le monde est capable de tenir avec 2 500 francs par mois. Je dis seulement qu'il est possible de vivre, et même bien, avec beaucoup moins que ce qu'on veut nous faire croire.

Calmer le jeu, simplifier, arrêter d'acheter tout et n'importe quoi, enseigner aux enfants des plaisirs simples et les adopter pour nous-mêmes ; rien de tel pour trouver le bonheur et la félicité. Et pour arrêter un peu de bosser comme des malades.

11
Une vie plus simple ?
Bien sûr, que c'est possible !

Je discutais récemment avec un libraire. Il me décrivait la réaction des gens quand ils arrivent à la caisse pour payer leurs achats, et qu'ils tombent sur mon livre *Simplifiez-vous la vie,* placé en pile juste devant. En général, ils le prennent à la main et se mettent à éplucher la couverture. Et là, ils se marrent. Bruyamment, si possible. C'est vrai : à notre époque, que quelqu'un puisse se simplifier la vie, c'est n'importe quoi, non ?

Mais pendant que la caisse enregistreuse fait son office, ils le feuillettent d'un air distrait. Simple curiosité.

Commentaires : « C'est sûr que d'arrêter le signal d'appel, ça me simplifierait la vie. »

Ou : « C'est sûr que si je ne décrochais pas à chaque fois que le téléphone sonne, ça me simplifierait la vie. »

Ou encore : « C'est sûr que si, au lieu de faire trente-six trucs à la fois, je faisais une chose après l'autre, ça me simplifierait la vie. Et si je faisais le ménage dans mon ménage, alors là, je ne vous raconte pas comme ça me simplifierait la vie ! »

Ils finissent par se faire à l'idée que, eh oui ! se simplifier la vie, c'est possible. Des trucs aussi bêtes que de se déchausser avant d'entrer ou de s'organiser un peu pour les vacances. Élémentaire, mon cher Watson...

Ils finissent même par comprendre qu'on peut changer des choses essentielles : remettre en question ses espérances, apprendre à pardonner, ou à solder ses dettes, par exemple. Pas toujours facile, mais ça aussi, ça change la vie.

On ne va pas leur en vouloir d'être aussi dubitatifs. A priori, l'idée même de « vie simple » est tout bonnement inconcevable.

Pris dans le tourbillon d'une vie compliquée, on voit mal comment on pourrait faire moins vite. Comment gagner du temps quand on lui court déjà après ? On s'épuise à vivre contre la montre, alors si en plus il faut s'épuiser à vouloir tout changer...

Qui voudrait ajouter à la liste déjà interminable des fardeaux quotidiens – la pression au boulot, les *desiderata* des enfants, les tourments intérieurs – un autre fardeau encore ? Vous allez me dire : la vie est déjà assez compliquée comme ça sans vouloir se la simplifier !

Et pourtant, c'est possible. Il y a une dimension magique, quasi exponentielle, dans le temps. À peine on a dégagé un créneau que, déjà, d'autres créneaux surgissent à l'horizon ; ce qui permet d'en dégager d'autres encore.

Si vous ne savez pas par quel bout commencer, tournez la page.

II

C'est Parti !

12
Le premier pas

Les gens me demandent souvent : « Comment voulez-vous que je m'arrête et que je me simplifie la vie ? J'arrête pas de bosser. Tout va trop vite. J'ai une carrière, une famille, des gosses, un crédit pour la maison, un autre pour la voiture. Ma vie est déjà assez compliquée comme ça. »

Je comprends. Moi aussi, ma vie était compliquée, il y a quelques années. Même si j'avais pu m'arrêter, je n'aurais pas su par où commencer. Mais comme beaucoup, j'ai tiré sur la ficelle, tant et si bien que ça a fini par craquer. L'heure de se simplifier la vie avait sonné.

Ça ne s'est pas fait du jour au lendemain, remarquez. Il nous a fallu plusieurs années d'efforts pour accorder nos violons.

Non pas que nous ayons commencé par des choses compliquées. Loin s'en faut. Des trucs tout simples, comme passer plus de temps au grand air ou trouver des moments pour rester seul, ne nous ont pas coûté trop d'efforts et nous ont fait le plus grand bien. Tout de suite.

Mais si vous vivez ce qu'on a réussi à nous faire accepter comme étant une vie « normale », il est illusoire de penser pouvoir vous la simplifier le samedi de midi à trois heures, en effet. Faut pas rêver.

Se simplifier la vie, ça se mérite. Ce n'est pas en deux jours, j'imagine, que vous avez bâti votre belle vie de stress et de galères. Ce n'est pas en deux jours que vous allez vous la simplifier. Ce n'est pas ce soir que vous aurez terminé. Mais ce soir, qui dit que vous n'aurez pas commencé ?

La seule chose à faire pour l'instant, c'est de le décider, et de dégager le temps nécessaire pour y réfléchir. Ça suffira pour aujourd'hui. On ne vous en demande pas plus.

Combien de temps ? Tout dépend du degré de complication de votre vie, et de votre faculté à changer de rythme. Moi, je m'étais pris un week-end de quatre jours à la campagne. Il m'a fallu une journée et demie pour me remettre à niveau et commencer à y voir un peu plus clair. Réfléchissez pour vous : vous devez savoir s'il vous faut un après-midi, ou deux jours, pour attaquer.

Pour la plupart des gens, un week-end me semble raisonnable. Mais si votre vie est particulièrement compliquée, comptez plus large : c'est peut-être juste assez pour vous y mettre.

Si prendre tout le week-end est impensable, prenez-le à moitié. Si prendre une journée est impensable, prenez une demi-journée.

Faites-le cette semaine. Juste le temps que vous pensez nécessaire. C'est le premier pas.

Et ne sous-estimez pas le formidable impact que peut avoir une telle décision. Ce qui est incroyable, quand on commence à se simplifier la vie, c'est que la moindre décision qu'on arrive à prendre facilite la suivante. Ma parole : si vous décidez de vous simplifier la vie et que vous vous en donnez vraiment la peine, je vous garantis que vous n'allez pas comprendre ce qui vous arrive.

13

Dix trucs pour se dégager au minimum une heure par jour, le premier mois

(commencez à vous organiser)

Je sais, vous vivez l'enfer. Comment pourriez-vous penser à vous simplifier la vie ; vous n'avez pas une minute ? Trouvez-en une quand même, et lisez ceci.

Voici une liste d'idées relativement indolores, grâce auxquelles vous allez vous dégager une heure par jour au minimum (ce qui nous fait quand même dix à vingt heures par semaine) dès le premier mois.

Pour l'instant, n'y voyez rien de définitif. Vous aurez tout loisir de les adopter ultérieurement, toutes ou seulement celles qui vous concernent.

Aujourd'hui, il n'y en a peut-être que deux ou trois. C'est pas grave. Choisissez celles qui pourraient vous aider, et tenez-vous y un mois :

1. Si vous pouvez vous le permettre, quittez le boulot une heure plus tôt, et utilisez-la pour réfléchir à la vie que vous menez.

2. Si vous pouvez vous le permettre, partez au boulot une heure plus tard, et profitez que la maison soit vide pour réfléchir, au calme, à la vie que vous menez.

3. Si cela vous est possible, restez au bureau une heure de plus, et réfléchissez un peu à la vie que vous menez. Ne le faites que si vous êtes sûr que personne ne va plus vous déranger.

4. Levez-vous une heure plus tôt. Il va peut-être falloir se coucher une heure plus tôt ; mais rappelez-vous qu'une heure à la fraîche, bien reposé, en vaut deux du soir, quand on est lessivé.

5. Arrêtez de regarder les infos à la télé.

6. Arrêtez de regarder la télé tout court. S'il le faut, débranchez-la et rangez-la dans un coin. Essayez, même si vous êtes sûr que la télé vous détend. C'est possible, mais d'un autre côté, ça programme sans même qu'on s'en rende compte, et en plus ça abrutit. Ce n'est pas en regardant la télé que vous allez vous aérer les méninges.

7. Ne prenez plus de déjeuners de travail.

8. Arrêtez les mondanités. Plus de pots en sortant du boulot. Plus de petits cafés. Plus d'apéros. Plus de dîners en ville. Plus de derniers verres.

9. Arrêtez de lire le journal. (Juste un mois, on a dit !)

10. Faites moins d'exercice. Si c'est tous les jours, faites-en moitié moins. Si vous galérez en métro ou dans les embouteillages pour aller à la gym, faites-la à la maison ; ça vous fera des vacances. Ou allez-y moins souvent. Allez, un peu d'imagination. Qu'est-ce que c'est, un mois ?

14

Dix trucs pour grignoter encore un peu de temps, le premier mois

(commencez à vous organiser)

L'idée, c'est non seulement de libérer encore un peu de temps par-ci, par-là, mais aussi de chasser le stress, la fatigue et les angoisses. Tout ces trucs nous éloignent de la vie que nous voudrions mener, ne font que nous polluer la tête, et pompent notre énergie.

1. Fuyez le téléphone comme la peste, excepté pour le travail et les urgences. Annoncez-le solennellement à votre famille et à vos amis : pas de cancans au téléphone ce mois-ci. Vous serez édifié de voir tout le temps et toute la salive qu'on peut économiser.

2. Arrêtez d'écouter la radio, vos CD et votre baladeur (à la maison, en voiture, au bureau et à la gym).

3. Arrêtez de lire des magazines. Recyclez ou donnez toute la pile de canards qui ne servent qu'à encombrer la table basse du salon, puisque de toute façon vous n'avez pas le temps de les lire. Faites de même avec ceux qui arrivent au courrier durant le mois. Pas la peine de les empiler dans un coin en vous disant que vous les lirez plus tard. Sinon, à la fin du mois, vous vous retrouvez au même point. Faut bien commencer quelque part, de toute façon.

4. Laissez tomber toutes les lectures genre évasion : polars, *thrillers,* fictions.

5. Ramenez les menus à leur plus simple expression. Préparez à l'avance des litres de soupe et des cocottes entières de ragoût, mettez-les au congélateur en portions individuelles et servez bien chaud ! Ou faites le plein chez Picard. (C'est juste pour un mois.) Arrangez-vous pour toujours avoir des fruits frais sous la main. Le Dr Spock, l'auteur de *L'Art d'être parent,* disait que quand les gosses en ont marre

des légumes, ils n'ont qu'à manger des fruits. Mettez des assiettes en carton, ça fait moins de vaisselle. Distribuez les rôles pour les courses, la cuisine et la vaisselle. Faites en sorte que les gamins prennent ça comme un jeu, et que votre cher(chère) et tendre en fasse une affaire personnelle.

6. Ramenez les corvées ménagères au strict nécessaire. Assurez-vous que la maison ne devienne pas un capharnaüm, mais ne vous fatiguez pas à faire la poussière, passer l'aspirateur, laver les carreaux, tondre la pelouse, astiquer la voiture au polish ou briquer les lustres. Pour ça, ils va falloir réviser tous les bons préceptes que vous ont inculqués votre mère, votre conjoint ou votre éducation chez les bonnes sœurs (au besoin, relisez le chapitre 9).

7. Faites un minimum de lessives. Nos mères se tapaient le linge de toute la semaine, pour toute la famille, en une journée à tout casser. C'était bien avant les machines à laver de compétition. Aujourd'hui, j'en connais qui font tourner une machine tous les soirs !

Évitons déjà de sortir un truc propre toutes les cinq minutes, et montrons le bon exemple aux gamins. On fait tout de suite la différence. De toute façon, on a dit que c'était juste pour un mois.

On peut largement vivre avec les mêmes draps et les mêmes serviettes de bain pendant toute la semaine, je vous rassure.

Faites un calcul rapide. Comptez les heures que vous allez gagner en vous calmant sur les lessives. Maintenant, comptez les soirées. Et les week-ends ? Ne me dites pas que vous ne faites jamais tourner la machine le week-end…

8. À l'exception des fruits et légumes, ne faites plus aucune course. Débrouillez-vous pour stocker. Ou alors faites sans. Une panne de mascara ou de mousse à raser, ça n'a jamais tué personne.

Mettez-y un point d'honneur, et faites appel à votre *self-control.* Courir à l'épicerie ou à la grande surface du coin dès qu'on a besoin d'un bouillon de cube, c'est un fléau de notre civilisation. On claque des milliards dans des campagnes de pub pour faire en sorte que cette pantalonnade continue. Essayez, vous allez gagner un temps fou. Vous n'imaginez même pas.

9. Refusez toutes les invitations, que ce soit la famille ou les amis. N'organisez rien non plus.

10. Annulez tout engagement. Dites simplement « Désolé, mais là, je suis sur un nouveau projet. Pendant un mois, je me mets aux abonnés absents. »

Maintenant, prenez cinq minutes et regardez ce que vous pourriez ajouter à cette liste pour vous permettre de grignoter encore du temps dès le premier mois.

Rien ne vous empêche évidemment de prolonger l'expérience sur deux mois, trois mois. Toute l'année, même. L'idée, c'est de vous libérer un maximum pour pouvoir envisager d'autres changements.

À long terme, ceux-là.

15

Cinq trucs pour se prendre au minimum une journée, le premier mois
(commencez à vous organiser)

1. Quand vous prenez une journée, prenez-la un vendredi ou un lundi, et faites-vous quelques petits week-ends de trois jours. Si vous prenez plusieurs jours, prenez-les en milieu de semaine.

2. Offrez-vous une semaine ou plus, et commencez à vous organiser.

3. Mettez-vous en maladie deux ou trois jours, ou prétextez des raisons familiales.

4. Proposez à votre boss de faire quatre journées de dix heures au lieu de cinq journées de huit, pendant un mois (ou systématiquement). Utilisez le cinquième jour pour commencer à vous simplifier la vie.

5. Prévoyez-vous un samedi, un dimanche, ou un week-end entier dégagé de toute obligation avec les amis ou la famille (en dehors de la famille immédiate). N'oubliez pas d'éliminer toutes les interférences habituelles, radio, télé, etc., au passage.

16
Mettez-vous au vert

C'est sûr, il y en a pour qui rentrer à la maison veut dire rentrer au calme. Ceux-là n'ont pas besoin de se mettre au vert pour commencer à faire des progrès notables.

Mais si vous vivez ce que j'ai vécu, je vois mal comment ça pourrait être possible. Une aussi longue période sans être dérangé ? Dans une maison où il y a tant de va-et-vient ? Impossible.

Le mieux, c'est encore d'arriver à s'extraire de son environnement. Complètement.

Je veux dire pas de téléphone, pas de fax, pas de radio, pas de télé, pas de frigo, pas de lessive, pas de copains, pas de voisins, pas de boss, pas de collègues. Rien, quoi.

Si vous voulez carrément faire le vide, essayez un monastère ou un lieu de retraite. Les chambres (sans téléphone) y sont simples mais confortables et les repas compris. Tout est conçu pour que vous puissiez vous retirer du monde dans la contemplation la plus absolue. Jetez un œil au *Guide des Monastères en France.*

Si vous voulez juste avoir la paix, je vous recommande un gîte rural ou un petit hôtel. Vous pouvez laisser un numéro de téléphone, mais uniquement en cas d'urgence.

Réfléchissez tout de suite à l'endroit qu'il vous faudrait.

Vous avez peut-être des amis qui partent en vacances, et qui seraient prêts à vous laisser leur appartement pour quelques jours ?

Ou alors, vous devez connaître quelqu'un qui a une maison de campagne, ou un pied-à-terre, à vous louer. Ou à vous prêter.

Vous pouvez toujours sortir la tente et le sac de couchage, et vous mettre en quête d'un petit coin de verdure, si le cœur vous en dit.

Si vous ne pouvez pas partir de chez vous plusieurs jours d'affilée, il faut absolument vous arranger pour prendre une heure chaque matin. Dans ce cas, c'est la bibliothèque du coin (choisissez une table pas trop fréquentée), ou le banc d'église.

Dans un autre registre, je peux aussi vous proposer les parcs nationaux ou municipaux, ou les domaines. Il y a plein de bancs publics.

Vous ne pouvez pas quitter la maison du tout ? Alors débrouillez-vous pour éliminer tout ce qui pourrait nuire au calme et à la sérénité. Débranchez le téléphone, coupez la radio et la télé, et annulez vos petites sauteries.

Si vous êtes une jeune maman, trouvez-vous une baby-sitter un après-midi ou deux. Ou alors appelez une copine qui, elle aussi, veut se simplifier la vie (ou au moins, qui compatit) et faites l'échange quelques après-midi, ou quelques soirées.

Choisissez bien l'endroit. Et faites-en un endroit bien à vous. Il est probable que, comme ça a été le cas pour moi, ce lieu soit le théâtre d'un changement profond pour vous.

Quand vous en reparlerez, plus tard, ce sera avec un trémolo dans la voix.

17

Qu'est-ce que j'emporte ?

Là, je vais peut-être faire dans le détail, mais pour les maniaques, ça peut toujours servir.

J'imagine que pour la plupart, se mettre au vert quelques jours avec dans l'idée d'aller réfléchir à se simplifier la vie, ça veut dire jeter deux ou trois trucs dans un sac ; pas emporter trois malles-cabine et être chargé comme une mule. Ça n'a pas été mon cas. J'aime autant vous mettre en garde.

Quand je suis partie pour mon ermitage de quatre jours, j'ai trouvé le moyen d'embarquer deux sacs pleins d'effets personnels. Le premier était bourré d'habits, de paires de chaussures et de toutes sortes de trucs dont je n'avais pas besoin, et que d'ailleurs je n'ai jamais sortis. J'avais rempli le second de livres, de revues, de calepins, de feuilles, de stylos, de cassettes avec de quoi les écouter, et tout un fatras également inutile, dont je ne me suis pas plus servi, d'ailleurs, mais qui figurait en tête de ma glorieuse liste « On sait jamais, ça peut toujours servir. »

Je me les suis traînés sur trois étages et, quand j'ai fini par poser mes valises, ma petite chambre toute simple n'était déjà plus si simple que ça. J'ai trié les trucs qui ne servent à rien, et quand j'ai vu que ça allait m'embarrasser plus qu'autre chose, j'ai tout flanqué dans un sac que j'ai descendu illico dans la voiture.

Maintenant, puisque je réitère ce genre de petite expérience régulièrement, je ne m'embarrasse plus de livres ou de cassettes. Une brosse à dents, de quoi me changer, un cahier, un stylo, et basta ! Plus j'y pense, plus je m'aperçois que le reste ne fait que pomper de l'énergie et du temps.

Voilà une des plaies de notre culture. On croule sous un amas de choses inutiles, qui ne servent qu'à une chose : nous encombrer la vie.

Pensez-y au moment de boucler votre sac.

18

Posez-vous deux-trois questions bêtes

Une fois que vous aurez trouvé un coin peinard pour faire le point, passez à la vitesse supérieure. Posez-vous quelques questions simples.

Celle qui vient en premier à l'esprit, c'est : « Qu'est-ce qui me complique tant la vie ? » Les responsabilités au boulot ? Les rapports avec mon boss ? Avec les collègues ? Les journées qui n'en finissent plus ? Les heures dans les transports en commun, ou dans les embouteillages ? Dans quoi je pourrais bien élaguer ?

Parfois, il suffit de mettre le doigt là où ça fait mal, pour déjà se sentir soulagé.

Une autre question évidente à se poser, c'est « qu'est-ce que je pourrais bien faire pour me simplifier la vie, dans tel ou tel domaine ? »

Personne ne connaît mieux que vous le chronométrage exact de vos journées, ni les vœux les plus secrets enfouis au fond de vous-même. C'est vous, et vous seul, qui êtes le mieux placé pour trouver les réponses à ces questions.

Or, vous êtes peut-être tellement dans la panade, que vous n'avez pas la moindre idée, justement, de ce qui se passe au fond de vous.

Disons que, trouver un endroit pour vous poser les questions, c'est la partie facile. Trouver des réponses, c'est une autre paire de manches. Armez-vous de patience et ouvrez grand vos oreilles ; moins vous aurez de tentations, et mieux vous saurez écouter.

Le plus dur dans l'affaire, c'est de ne pas se raconter d'histoires. Parfois, on entend des trucs qu'on n'a pas envie d'entendre. Vous savez, cette petite voix qui monte de l'intérieur. Celle qui vous dit : « Quitte ton job. » Ou alors : « Change de métier. » Peut-être même « Tu vois bien que cette relation ne te mène nulle part. Passe à autre chose. »

Quand je vous disais qu'on fait tout pour que nos vies restent bien compliquées... Ça permet de baisser le son, quand la petite voix monte, pour nous faire entendre raison.

Mais quand on commence à se poser des questions, d'autres surgissent dans la foulée, puis d'autres encore. Notez tout sur un bout de papier, ou gardez un calepin à portée de main : questions, réflexions, solutions envisagées... Tout, quoi.

Encore aujourd'hui, des années après, je garde toujours ces questions présentes à l'esprit. Et au moindre signal, je suis prête à bondir.

19
Y'a pas le feu !

Je sais qu'il y a des gens qui quittent leur boulot, qui quittent leurs amis, qui partent s'installer ailleurs et qui recommencent tout de zéro, comme ça, d'un seul coup.

Je sais aussi qu'une cassure aussi radicale, ce n'est pas fait pour tout le monde. Pas très agréable. Et plutôt « casse-gueule ».

Par quel bout commencer, et à quelle vitesse avancer ? Tout ça dépend d'où vous en êtes, et quel genre de personne vous êtes.

Une chose est sûre : il n'y a pas d'un côté ceux qui font bien, et de l'autre ceux qui font mal. Si vous pouvez chausser vos bottes de sept lieues, surtout ne vous gênez pas.

Si vous ne savez pas par où commencer, commencez par trouver le temps de réfléchir. Dans quelle direction aller, et combien de temps ça va prendre ? C'est à vous de voir.

III

Ce Qui Compte Vraiment

20

Mais qu'est-ce qui compte vraiment, finalement ?

Si l'on en croit un édifiant sondage Time-CNN mené récemment, pas loin de 65% d'entre nous passent leurs prétendus loisirs à faire des choses qu'ils n'aiment pas faire. Quand on voit l'incroyable éventail de possibilités qui nous est offert aujourd'hui, ça laisse rêveur.

Je ne vois que deux raisons à cela. La première, c'est que pour commencer on ne sait pas soi-même ce qu'on aime faire.

Quand je repense à la vie de dingue que je menais, je reconnais que je n'ai jamais levé le petit doigt pour y changer quoi que ce soit. Pendant des années, jamais je n'ai levé le pied pour faire le point. Ni sur mon travail ni sur aucun choix de vie.

Je savais quand même deux ou trois trucs importants : je savais que Gibbs, ma proche famille et les vrais amis, ça comptait pour moi. Je savais que passer du temps dans la nature, ça comptait pour moi. Je savais que ma gym et mon régime pour garder la forme, ça comptait aussi.

Mais dans plein d'autres domaines (le travail que j'avais toujours fait, les gens que je voyais ou les activités que je pouvais mener en dehors), je me laissais ballotter comme un bouchon au gré des flots. C'était tellement plus simple que réfléchir et proposer des solutions.

Il y a mille choses qui nous obligent à faire exactement ce qu'on nous dit de faire, sans nous poser de questions.

Déjà, prendre des décisions, on n'apprend pas ça à l'école.

On peut être d'un tempérament agréable. Tellement agréable qu'on passe son temps à faire des choses que les autres veulent faire, ou veulent nous faire faire. On en oublierait presque ce que, nous, on aime faire.

Si ça se trouve, on n'a jamais eu la faiblesse de penser que faire ce qu'on aime, c'est une option aussi.

Quand depuis des années on ne se pose plus de questions, que ce soit face au boulot, aux gens qu'on voit, aux activités en tout genre ou à la vie de famille ; il n'est même pas concevable de lever le pied (et encore moins de changer quoi que ce soit) pour regarder la situation en face. Donc, on ne touche à rien.

Par facilité.

Deuxièmement, faire ce qu'on aime, ce n'est pas toujours facile.

Si par exemple, des tréfonds de votre âme, vous vous sentez la plume d'un futur Goncourt, il est peu probable que vous puissiez tout arrêter, du jour au lendemain, pour vous coller derrière un écran huit heures par jour. Donc, on continue son train-train. C'est pas si terrible que ça, quand on y pense. Et puis, hein, il y a pire...

C'est ainsi que nous nous diluons joyeusement. Un dîner en ville par-ci, un déjeuner par-là, un petit week-end de boulot, ou alors une petite soirée, ou les deux. Le plus souvent sur des projets qui ne nous excitent pas plus que ça. Le reste, ce qui compte vraiment finalement, nos aspirations les plus profondes et les plus secrètes, on se le met sur l'oreille.

Vous simplifier la vie vous fera gagner au moins une chose : du temps pour savoir ce qui compte vraiment pour vous. Et pour en trouver plus. Afin de vous y consacrer.

21

Doucement, avec les bonnes résolutions...

Le fait de ne pas très bien savoir ce que je voulais faire ne m'a jamais empêchée de dresser des listes interminables de tout ce que je croyais vouloir faire. Au contraire, ça n'a fait que les allonger, mes listes.

Quand j'ai pris la décision de me simplifier la vie, j'en avais un gros classeur plein. Pour chacun des grands axes de ma vie (vie personnelle, boulot, relations, intendance, aspirations, obligations), il fallait compter une bonne page. Chacune de ces catégories était prétexte à une liste de bonnes résolutions, ou du moins de grands projets.

Voici ceux qui, parmi tant d'autres, figuraient rien que sur ma liste « vie personnelle » :

- Me mettre à la peinture
- Me mettre au dessin
- M'improviser paysagiste
- Apprendre à écrire
- M'inscrire à une chorale
- Apprendre l'espagnol
- Me remettre au français et à l'allemand
- Apprendre la lecture rapide
- Apprendre l'arrangement floral, surtout l'Ikebana
- Étudier l'histoire de l'Art
- Étudier l'ornithologie
- Me plonger dans la situation au Moyen-Orient
- Me mettre au deltaplane
- Écrire des lettres
- Apprendre à écrire des scénarios
- Étudier la réalisation
- Apprendre *La Sonate au clair de lune* pour pouvoir la jouer à Noël
- Devenir un vrai cordon bleu (!)
- Apprendre la déco intérieure

– Apprendre à planter les rosiers

– Faire de la randonnée de montagne

Sur cet échéancier figuraient également : un rétroplanning, avec début, date-limite et fiche technique pour chacune des opérations sus-citées ; un cahier des charges en bonne et due forme ; des notes d'intention circonstanciées ; et une liste d'ouvrages de référence régulièrement mise à jour. Il y avait également, cela va sans dire, une double-page pour chaque jour de l'année, où étaient consignées toutes les activités qui devaient s'inscrire dans mon emploi du temps.

C'était clair : avant de commencer à me simplifier la vie, il fallait déjà que je revoie mes priorités.

J'ai aujourd'hui peine à le croire, mais à l'époque, j'étais fermement convaincue que tôt ou tard (et plutôt tôt que tard), je finirais par y arriver.

Vous m'auriez demandé ce qui comptait vraiment pour moi, je vous aurais répondu que TOUT comptait vraiment pour moi. Trier dans le tas ? Et pourquoi diable ?

Je suis morte de rire. Si j'ose publier cette liste pathétique aujourd'hui, c'est que j'ai réalisé que j'étais loin d'être la seule. Loin d'être la seule à penser qu'on peut tout faire, tout avoir et tout être à la fois. Ou même presque tout.

Et à dresser ce genre de listes (même si leur contenu est tout autre) dans mon gros agenda relié cuir.

Je reconnais qu'une liste peut permettre de hiérarchiser les priorités. Mais comme on finit toujours par se disperser dans tous les sens, mieux vaut en revenir tout de suite à de plus justes proportions. En resserrer le tir.

J'ai mis des années à y arriver. Ce n'est qu'en prenant conscience du peu de temps que j'avais, qu'en devenant sélective dans le monstrueux éventail de possibilités qui s'offrait à moi, et ce n'est qu'en arrivant à isoler ce qui me tenait vraiment à cœur que j'ai finalement réussi à élaguer.

Si le syndrome de la liste à rallonges vous a jusqu'ici épargné, ou que vous avez toujours su modérer vos ardeurs, partez serein : vous avez une longueur d'avance.

22

Concentrez-vous sur quatre ou cinq priorités

Je suis passée par d'innombrables cas de conscience, mais j'ai fini par en arriver à une seule liste. Ça donne quelque chose comme ça :

– Passer plus de temps avec Gibbs
– Écrire mes livres
– Passer des moments seule pour me retrouver
– Consacrer du temps à ma famille et à mes amis
– Pouvoir lire et dessiner au calme

On est loin de mes listes glorieuses, mais si je fais le compte de toutes les vicissitudes de la vie quotidienne – ou disons de la survie : faire les courses, faire à manger, manger, dormir –, soyons réaliste, je n'ai guère le temps pour autre chose.

Quel soulagement, en relisant toutes les autres choses que j'avais naïvement listées, de m'apercevoir finalement qu'il n'y avait pas assez d'heures dans la journée, pas assez de jours dans la semaine et pas assez de mois dans l'année pour tout faire à la fois. Il allait falloir renoncer aux trois quarts, du moins dans l'immédiat.

D'après mes observations, il suffit de commencer à se simplifier l'existence pour que les choses qui comptent vraiment s'imposent d'elles-mêmes. Dans l'idéal, on en arrive à un point où tout ce qui pourrait se mettre en travers du chemin est écarté, et même éliminé. Ce qui importe vraiment devient évident, et se réduit à pas grand-chose. Plus besoin d'en faire des listes. Au contraire, on s'est tant et si bien simplifié la vie que les journées s'organisent autour. Tout naturellement.

Si vous êtes un(e) frénétique des listes, mettez-vous dans la tête qu'il va falloir les ramener à des proportions plus réalistes.

Si faire des listes n'est ni un atavisme ni une de vos manies, vous vous faciliteriez grandement la tâche en alignant quatre ou cinq priorités sur lesquelles vous concentrer.

Ça ne veut pas dire partir dans tous les sens.

23
Pas plus de 24 h par jour, merci

Je n'ai attendu personne pour m'apercevoir qu'il n'y a que 24 h dans une journée. Mais jusqu'à ce que je décide de me simplifier la vie, j'avais pour le moins sous-estimé cet important détail.

On a vite fait de s'y tromper. 24 h, ce n'est pas rien, quand on y pense ; ça suffit, en tous cas, pour faire tout ce qu'on a à faire (ou qu'on croit devoir faire) et tout ce qu'on aime faire. Enfin ça, c'est vous qui le dites...

Le fait est que, 8 h de boulot, plus 8 h de sommeil, ça ne laisse jamais que 8 h pour tout le reste.

Pour la plupart, on consacre à peu près la moitié de ces 8 h à faire les courses, à faire la popote, à faire bombance, et à faire la vaisselle ; à faire ses ablutions, à se brosser les dents et à se refaire une beauté ; à trouver une cravate présentable ou une paire de collants si possible pas filés ; et si on a de la chance, à faire un jogging, une balade à vélo, ou le tour du pâté de maisons.

Quand on compte les heures passées dans les transports en commun, les embouteillages, ou les corvées ménagères, et celles qu'on passe à ouvrir son courrier, payer ses factures, faire crac-crac, radoter au téléphone, travailler au téléphone, donner à manger au chien, changer la litière du chat et organiser la journée du lendemain, on en a déjà grillé au bas mot la moitié, c'est-à-dire 4 h. Et on a pas encore eu le temps d'allumer la télé ni d'ouvrir un journal.

Pour peu qu'on ait des enfants à charge ou qu'on donne un peu dans l'humanitaire, qu'on reste tard au bureau ou qu'on passe du temps dans les transports en commun ou les embouteillages, c'est foutu. Mari, femme, enfants, amis : prenez les miettes ! On n'a plus une minute à soi non plus : ni pour rester seul au calme ni pour faire le truc créatif qui nous tient tellement à cœur. Pourtant, tout le monde s'accorde à dire que c'est ça qui doit passer avant tout le reste.

Tenez, par exemple, le matin pour partir au boulot. On croit qu'on va être sur le pied de guerre en 45 mn.

La réalité est toute autre : non content de les passer à vouloir s'habiller – au passage, il faut se doucher, se pomponner et passer dix minutes à chercher dans la penderie un truc mettable –, il faut en plus beurrer les tartines, mettre un goûter dans le cartable des enfants, sortir le chien, relever le courrier et donner à manger au chat. Et après, on s'étonne de partir avec un quart d'heure de retard, d'être obligé de dévaler l'escalier quatre à quatre, et d'arriver au bureau en nage.

On voudrait tout faire. Mais tant que les journées ne feront que 24 h, ça restera un vœu pieux. Vous vous rendez compte du temps colossal qu'il faut, rien que pour pouvoir répondre aux attentes de nos maris (ou de nos femmes), aux exigences de nos enfants, et au *forcing* de nos patrons ? Vous savez l'énergie qu'il faut pour entretenir une maison, materner les amis ou cultiver son jardin secret ? 24 h, c'est vraiment pas de trop, dans une journée.

Pour le reste, toutes ces choses qu'on veut bien croire si essentielles, il va falloir attendre un peu. On en recause dès qu'ils auront inventé la journée de 36 h.

24
Vivre à deux, ça se mérite

Au moment de vous concentrer sur ce qui compte vraiment pour vous, mettez-vous dans la tête que vivre à deux, ça demande du temps. En général, plus que ce qu'on a bien voulu y consacrer jusqu'alors.

Ça peut sembler idiot de le dire, mais comme un mariage sur trois se solde par un divorce et que les enfants n'ont pas le droit à la parole, on a tendance à l'oublier. D'accord, le manque d'attention n'est pas la seule cause du divorce, mais c'est un facteur déterminant.

Pour Gibbs et moi, la qualité des relations dans le couple a toujours été une priorité majeure. Mais sans nous en apercevoir, à force de nous escrimer de plus en plus chacun dans notre travail, nous nous sommes peu à peu éloignés l'un de l'autre.

La vie de tous les jours est un tel engrenage, on nous met tellement la pression, qu'on a vite fait de négliger l'être qui nous est le plus cher.

Et puis, il y a cette tendance pernicieuse, sitôt qu'on a mis le grappin sur le prince charmant ou la femme de sa vie, à se croire le roi du pétrole. On peut rayer « Me marier » de sa petite liste de priorités. Il n'y a plus qu'à faire 1,8 gosse pour rayer la ligne « Avoir des enfants. »

Là, on est happé dans une telle spirale pour faire tourner tout ça (sans parler de la maison, de la voiture, des habits, et des mille activités culturelles, éducatives et sociales qu'on croit indispensables) qu'on finit par complètement perdre de vue la relation elle-même.

Ça me rappelle cette carte postale de Roy Lichtenstein, genre BD américaine, avec ce personnage qui dit : « Meeerde ! J'ai complètement oublié de m'occuper de ma famille ! »

Si vous vivez à deux ou que vous avez des enfants, ne cherchez plus. C'est eux, vos chers et tendres, qui ont la priorité absolue. Consacrez-leur une partie du temps que vous allez dégager.

25
Votre ego vous perdra

Il y a quelques années, on est venu me proposer d'écrire des notes de lecture pour l'un des plus éminents cercles littéraires. Sur le coup, je me suis empressée de dire oui. Pour moi qui étais toujours à l'affût, c'était l'occasion de me tenir au courant des dernières sorties, mais surtout, ça allait me permettre de parader dans les dîners en ville, et de raconter que je signais des chroniques pour cette institution prestigieuse.

Ça en jetait. À mes yeux, en tout cas. Mais le fait est que le boulot était des plus aléatoires, les manuscrits plutôt assommants, les délais redoutables et la paye en dessous de tout. Et plus ça allait, plus ça devenait une punition.

Quand je me suis orientée vers autre chose, il aurait été logique que je mette un terme à cette collaboration. Mais il a fallu que je continue ; d'abord par habitude, ensuite parce que l'idée qu'on soit venu me trouver, moi et pas une autre, était plutôt flatteuse (même si a priori ça ne me disait rien), mais surtout pour pouvoir continuer à me prendre pour une grande chroniqueuse.

Un jour, ça a fait tilt. Après tout, même si j'arrêtais de faire mes chroniques, rien ne m'empêchait de dire que j'avais été chroniqueuse pour cette éminente institution ; en termes d'ego, ça revenait sensiblement au même. Finalement, j'ai donc laissé tomber.

Oh, je sais : il n'y a pas de quoi être fière. Mais à force de parler avec les gens, je m'aperçois que ce type de comportement est courant.

On passe son temps à s'embringuer dans des situations qui compliquent la vie : boulot, relations, humanitaire, sport et j'en passe. La seule raison qui nous pousse à continuer, c'est que ça fait bien. Ou que ça permet de le placer au détour d'une conversation, dans les dîners en ville.

Ou alors qu'on s'imagine (ou que d'autres puissent imaginer) que c'est une chose absolument capitale.

Le moment venu, il faut savoir tirer sa révérence. Pour vous, il est peut-être temps de faire le point. Vous vous entêtez dans des trucs qui ne font que vous compliquer la vie ?

Laissez tomber.

26
Il faut savoir faire des choix

Pour arriver à se simplifier la vie, il faut savoir faire des choix, même quand c'est difficile. Souvent, ça veut simplement savoir dire non. Même quand c'est difficile.

Gibbs et moi, on commençait tout juste à se simplifier la vie, quand on s'est retrouvé à dîner chez des amis, des fous de deltaplane.

Toute la soirée, on les a écoutés s'exciter sur le frisson que procure ce sport décidément admirable. On était là, assis, déjà partis sur une nouvelle activité ; on se voyait déjà prenant notre envol du haut de la falaise, et planant silencieusement au-dessus des superbes collines qui entourent la maison.

La soirée n'était pas terminée qu'on avait pris date pour notre première leçon. On se retrouverait à la fraîche, sur un petit sommet pas très loin, et ils nous feraient essayer le matériel.

Sur tout le chemin du retour, on s'est monté la tête, Gibbs et moi. Le delta, quel pied !

En poussant la porte, on s'est regardé dans les yeux, et soudain, la réalité a pris forme. Où allions-nous trouver le temps ? Avec les emplois du temps qui étaient les nôtres, arriver à caser une nouvelle activité, surtout aussi intense que le deltaplane, c'était de la folie pure. Adieu, la liste courte ! Et la liste courte avait déjà trop souffert.

En y réfléchissant, et malgré tout ce qu'on venait de se dire, il était clair que le delta ne figurait pas tout à fait en haut de la liste.

On a pris notre courage à deux mains et on a appelé nos amis : « Désolés, les gars, on a eu les yeux plus gros que le ventre. Franchement, on adorerait vous retrouver demain matin, mais là, on est en train de remanier un peu notre vie. Le delta, en ce moment, on va pas avoir le temps. »

Y'a du progrès dans l'air. Dans le temps, on aurait dévalisé Décathlon et on se serait traînés à des cours pendant des mois et des mois, avant de réaliser qu'avec de tels emplois du temps, c'était injouable.

Et, une fois embringués jusqu'aux oreilles dans cette formidable activité (tout à fait indispensable, comme chacun sait), on aurait passé notre temps à se demander pourquoi la vie qu'on mène est si compliquée ! Et il aurait fallu choisir : ou bien arrêter le deltaplane avec le sentiment coupable d'avoir perdu notre temps et jeté l'argent par les fenêtres, ou alors continuer une activité pour laquelle nous n'avions absolument pas le temps, histoire de justifier les frais.

À tous les niveaux, il faut savoir faire des choix. Puisque le temps dont on dispose pour certains trucs est limité, autant soigneusement choisir les certains trucs qui vont disposer de notre temps. Vu le peu de temps dont on dispose pour voir ses amis et pour prendre du bon temps, autant choisir ses amis et son bon temps avec le plus grand soin.

Examinez votre vie à la loupe. Regardez les choix que vous pourriez faire, de votre côté. Si toutefois vous libéreriez un peu de temps et d'énergie pour des trucs placés plus haut sur votre liste...

27
Jetez-moi ce planning !

Quand on a une liste interminable de choses à faire (ou qu'on croit devoir faire), comment tailler dans la masse ?

Le mieux est de recommencer de zéro.

Une des meilleures idées que j'ai eues en partant me mettre au vert quatre jours, ça a été de laisser à la maison mon gros classeur plein de listes.

Je doute toutefois que cette tactique fasse l'unanimité. Bien souvent, nos vies sont régies et consignées de A à Z par ces petites choses : nos buts, nos aspirations, nos priorités, nos listes de choses à faire. C'est devenu une drogue.

Dure. On ne compte plus ni les heures qu'on y passe ni l'argent que ça nous coûte.

Un beau jour, on se rend compte de l'inefficacité crasse de la chose. Moi, je me suis dit que c'était mes listes qui devaient poser problème.

Non contente d'y fourrer tout ce qu'on *voudrait* faire, on tartine sur tout ce qu'on *devrait* faire. Enfin, c'est l'idée qu'on en a. La plupart du temps, sans même qu'on s'en rende compte, ce sont des influences extérieures qui les déterminent : contraintes professionnelles, pressions de l'extérieur, espérances des parents, obligations familiales, intox des médias. La plupart du temps, on ne sait même plus ce que soi-même on cherche vraiment.

L'autre jour, je me suis penchée sur un de ces best-sellers qui vous expliquent comment il faut organiser son temps. Toutes ces chartes, ces listes, ces projections, ces stratégies, moi, ça me saoule. Très sincèrement, je pense que ces trucs tirés par les cheveux ne nous simplifient la vie en rien ; au contraire, ils nous assistent pour mieux nous la compliquer.

Le plus insidieux, c'est le message larvé qu'ils véhiculent. Si on n'a pas une vie réglée comme du papier à musique, c'est que quelque part on est un pleutre, quand ce n'est pas un assisté.

Ne vous sentez pas obligé pour autant de mettre votre agenda au broyeur ; contentez-vous de le mettre dans un coin, le temps de cerner vos besoins réels.

D'ailleurs, il se peut très bien que les choses qui comptent réellement à vos yeux soient déjà dûment consignées dans l'une ou l'autre de vos listes. À la bonne heure. Ce qui est important, c'est que la liste que vous allez dresser maintenant soit celle de votre cœur, et non pas celle de vos espérances, ni celle des grandes perspectives que les autres ont tracées pour vous.

Une fois réduits le stress et les brimades de votre vie de dingue, il se pourrait fort bien, comme ça a été mon cas, que votre liste prenne une toute autre tournure que ce que vous aviez imaginé. Non seulement au niveau de sa longueur, mais également de son contenu.

IV

Deux ou trois trucs à méditer

28

Un pas en avant, deux pas en arrière

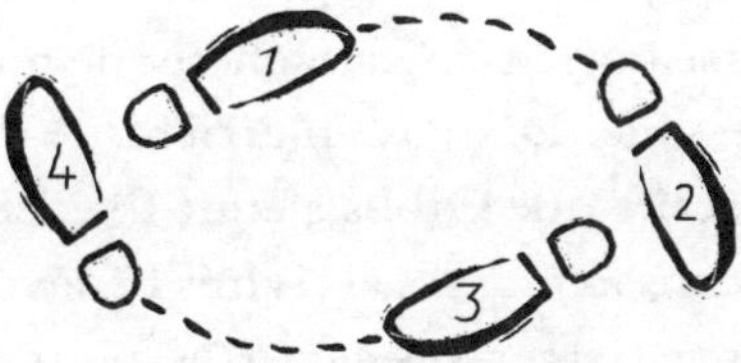

Pour nous simplifier la vie, Gibbs et moi, on s'est débarrassé de tout un fatras inutile. Un pas en avant.

Ça nous a pris plusieurs semaines. Ensuite, il nous a fallu deux autres semaines pour aller vendre tout ça aux puces, semaines pendant lesquelles notre espace vital était devenu un vrai chantier. Deux pas en arrière.

Quand Emmaüs est venu récupérer tout ce que nous n'avions pas réussi à fourguer, on a pris la décision de déménager pour plus petit. Un pas en avant.

Un autre mois de chaos s'est écoulé, et on s'est enfin installé dans nos nouvelles pénates. Un pas en avant.

Il nous a fallu encore une bonne semaine pour trouver nos marques dans notre nouveau nid d'amour ; oh, pas un 200 m^2 de ministre, plutôt un petit appartement cosy. Un pas en avant.

Quelques mois plus tard, on pouvait tout recommencer. Nous avions passé notre temps à acheter de nouveaux trucs, pour combler le vide. Dix pas en arrière.

L'un des objectifs que Gibbs s'était fixé, c'était de trouver du temps à consacrer à ses activités bénévoles : il a donc commencé à enregistrer ses lectures pour les aveugles. Un pas en avant.

Un an plus tard, ça a fait tilt. En plus de sa séance de lecture hebdomadaire, il participait maintenant à un programme local d'alphabétisation pour les adultes, et il avait trouvé le moyen de se faire nommer auxiliaire volontaire chez les gardes-côtes. Ça y est, il était de nouveau submergé. Deux pas en arrière.

Quand j'ai pris la décision d'écrire *Simple en dedans,* j'ai réalisé qu'une nouvelle carrière me tendait les bras. Sur le plan de ma quête pour trouver le job de ma vie, c'était un pas en avant considérable.

Mais j'ai accepté des délais tellement courts que je me

suis retrouvée à gratter pratiquement jour et nuit. J'avais beau adorer ce que je faisais, bonjour ! Sur le plan de ma quête d'équilibre, là, c'était carrément quatre pas en arrière.

Il ne faut pas se raconter d'histoires : le syndrome « un pas en avant, deux pas en arrière » est étroitement lié au processus de simplification. Ce n'est pas en claquant des doigts qu'on passe de la frénésie au jardin zen. Et par définition, le changement dérange. Même avec un planning féroce, il est probable que vous rencontriez des périodes de branle-bas et de désordre (voire même de confusion) sur le chemin de la vie simple.

29

Au secours, j'ai du temps !

Si, pendant un mois, vous arrivez à vous organiser pour gratter une heure ou deux par jour sur votre emploi du temps, vous allez pouvoir prendre des décisions capitales.

Ça peut aussi vous faire très peur. Ou vous paraître trop ambitieux. Vous allez peut-être vous sentir coupable. Si ça se trouve, vous n'aurez plus qu'une chose en tête : replonger tête baissée dans la frénésie, pour éviter d'avoir à regarder les choses en face. Ou même tout ça à la fois.

Mettez-vous-le bien dans la tête : les complications ne demandent qu'à prendre leurs aises. On a vite fait de se laisser envahir. Et même de se faire bouffer. Alors, ouvrez l'œil : même si la tentation est grande, ne laissez pas la prochaine galère (la vôtre ni celle de quiconque) ruiner le temps précieux que vous aurez réussi à dégager.

D'où la nécessité de passer ce temps loin de votre environnement habituel ; à la maison, on sait d'avance qu'on va être dérangé. On sait même précisément par qui, et à quel moment.

Si vous êtes quelqu'un de toujours pressé et débordé, ne vous laissez pas gagner par ce fléau à vos heures libres. Faites un effort et concertez-vous, surtout au début, pour rester *cool* et ne pas vous énerver.

Il n'est pas impossible qu'à un moment donné, vous ayez l'impression que, finalement, tout est plus simple quand on vit à cent à l'heure. Pour moi, c'est clair : si je me complaisais dans une vie si compliquée, c'est que j'étais terrifiée à l'idée d'avoir tant de choses à régler. Avec toutes les décisions que j'ai fini par prendre, je peux vous assurer que, même à court terme, c'est beaucoup plus facile une fois qu'on s'est jeté à l'eau.

Il est vrai que chez nous, foncer tête baissée est devenu une seconde nature. La facilité en quelque sorte. Avancer à un autre rythme en toute harmonie, c'est une autre paire de manches. Essayez, pour voir.

Mais accrochez-vous. Quand je l'ai simplifiée, ma vie a été littéralement bouleversée : j'ai divisé mon espace vital par deux, j'ai fait le ménage dans mes relations, j'ai évacué pas mal d'idées préconçues, j'ai entamé une nouvelle carrière et, pour finir, j'ai dû me résoudre à affronter mes démons intérieurs. On a un peu l'impression de se retrouver au bord du précipice.

Si toutes ces heures gagnées vous donnent le vertige, analysez vos réactions. Les reconnaître, c'est déjà les surpasser.

Si au début, l'idée de réorganiser votre vie vous donne un sentiment de malaise, ne vous découragez pas. Continuez. Une fois sur votre lancée, vous en rigolerez.

30

Et hop ! On débranche le pilote automatique…

Avant de me simplifier la vie, j'ai toujours tourné en sur-régime. Si j'ai tenu le coup aussi longtemps, c'est grâce à un don inné qui consiste à se mettre sur pilote automatique, sans jamais débrayer. Je crois que je ne suis pas la seule dans ce cas.

Prenez le matin : on s'arrache du lit, on procède à quelques ablutions, on grignote un morceau en lisant le journal en diagonale ou en regardant Matin Bonheur, on traîne les gamins à l'école ou chez la nounou, on boucle le rapport urgent qu'on a promis au boss, on prend un dernier petit café et hop ! on fonce au boulot. Sans réfléchir une seconde à ce que l'on est en train de faire.

Pour aller travailler, on prend tous les jours le même itinéraire ; ça évite de réfléchir et, comme ça, on peut joyeusement se laisser grignoter la tête en chemin. Bonjour les soucis, les responsabilités, et l'ordre du jour !

Oh, sur une journée, il y a bien des trucs un peu moins mécaniques que d'autres. Mais dans l'ensemble, on est réglé comme des horloges suisses. Comme ça, pas trop de questions à se poser. L'important, c'est de tenir jusqu'au soir, de sauter dans sa voiture ou d'attraper le métro, et de rentrer vite fait ; machinalement.

Et on enchaîne sur le programme de la soirée, si on peut parler de soirée : gym, sur automatique ; dîner, sur automatique ; débarrasser, sur automatique ; réunions, sur automatique ; télé, sur automatique.

Les week-ends se suivent et se ressemblent, même si on laisse une part un peu plus grande à l'improvisation. Un éternel recommencement, en quelque sorte.

Parfois, on se laisse quand même aller à un petit extra. Un petit dîner par-ci, une petite expo par-là. Mais là encore, on a vite fait de se retrouver sur automatique. Et on finit toujours dans les mêmes endroits, avec les mêmes gens, à tenir les mêmes discours.

Plutôt confortable, finalement. Dans ce monde de brutes, un brin d'ordre ne fait pas de mal ; on est plus rassuré quand on a le gouvernail bien en main. Ou qu'on croit le tenir. Encore faut-il que les choses que l'on fait machinalement soient bien les choses que l'on a envie de faire. Or, c'est rarement le cas ; ça l'a peut-être été un jour, ça ne l'est plus aujourd'hui. Mais comment s'en rendre compte, puisqu'on n'a pas un instant de répit ?

Paradoxalement, être en permanence sur automatique, ça complique la vie. Être en permanence sur automatique, ça permet surtout de faire des choses qu'on se sent obligé de faire. On se met sans cesse de nouvelles corvées et de nouvelles galères sur le dos : une course par-ci, un déjeuner par-là... Sans jamais se poser la question de savoir si on a le temps, ou même l'envie. On avale un grand coup, on se remet gentiment au charbon... Et pendant ce temps, la liste n'en finit pas de s'allonger.

Élaguez, vous ne le regretterez pas. Décidez de prendre un bon petit déjeuner, tranquille avec votre petite famille.

Musardez sur le chemin du boulot en savourant le paysage. Inventez chaque jour et chaque semaine de nouvelles variations. Cela pourrait donner une nouvelle dimension à votre journée, à votre semaine ou à votre vie tout court.

Oui, changer de vitesse de loin en loin, ça aide. On apprend à prendre conscience de chaque instant (de certains instants) et à les vivre pleinement. Et plus on est conscient, mieux on peut reprendre sa vie en main.

Le reste se fait tout seul. Lentement mais sûrement. Dès qu'on s'aperçoit qu'on va faire un truc qu'on n'a pas envie de faire, on le dégage. On enlève ça de son emploi du temps, et hop ! on le remplace par quelque chose de nettement plus excitant.

31
Idées pour rétrograder en douceur

Voici qui pourrait vous donner des idées pour débrancher un peu le pilote automatique :

Levez-vous plus tôt et allez prendre le petit déjeuner au café du coin avec votre famille. Ou mettez quelques croissants, un Thermos de café et une bouteille de jus d'orange dans un sac, et trouvez un parc pour un pique-nique matinal.

Partez travailler à pied. À vélo. En bus. Prenez un autre trajet.

Emmenez les enfants à l'école à pied, pas en voiture.

Faites vos courses à la fraîche, avant que les magasins ne soient bondés. Faites vos courses ailleurs et regardez ce que vous achetez, pour une fois.

Retrouvez votre cher(chère) et tendre et/ou vos enfants pour le déjeuner, et trouvez un parc. Ou quittez le bureau pas trop tard, prenez quelques tartes chaudes à la boulangerie, et improvisez le dîner dans un parc, au couchant.

Faites l'impasse sur le ménage, cette semaine. Passez le temps équivalent avec vos enfants.

Faites l'impasse sur la lessive, cette semaine. Ou déléguez si vous le pouvez.

Soudain, vous allez voir d'un œil neuf ces corvées, et pour un temps, ça pourrait vous simplifier la vie. L'autre jour, une de mes amies qui demandait à sa fille de dix ans de ranger sa chambre avant que les invités n'arrivent, s'est entendue répondre : « Et si on fermait juste la porte ? »

Souvent, il suffit de fermer la porte pour se simplifier la vie, même momentanément.

Prenez un jour en milieu de semaine avec mari (ou femme) et enfants, et prenez un peu de bon temps tous ensemble. Si une journée complète, ça fait trop, prenez une demi-journée tous ensemble.

Changez vos horaires de gym. Allez la faire ailleurs. Avec quelqu'un d'autre. Ou seul(e).

Débranchez le téléphone pour la semaine. Changez de message et dites que vous rappellerez la semaine prochaine. Quand j'ai commencé à simplifier le protocole au bureau, j'ai été sidérée de voir que la plupart des appels n'ont d'urgent que le nom.

Asseyez-vous à une autre place, ou à un autre bureau. Si possible, changez même de bureau ; sinon, allez travailler à une table tranquille de la bibliothèque du coin, ou dans votre café préféré.

Maintenant, prenez un instant, et trouvez deux ou trois trucs à faire cette semaine, qui pourraient (même provisoirement) bousculer vos habitudes ; ces habitudes pour lesquelles vous vous mettez constamment sur automatique ; ces habitudes qui arriveraient presque à nous faire croire qu'on peut tout mener de front.

32
Impliquez les enfants

Si vous avez des enfants, le processus va être infiniment plus facile à mettre en place si vous les impliquez, et si vous savez les faire participer.

J'entends des histoires formidables de familles qui s'y sont mis tous ensemble pour se simplifier la vie. Je vois aussi des adolescents qui ne rêvent que d'une chose : vivre simplement. Ils ont compris que leurs parents se pourrissaient la vie avec les complications, les obligations et le stress ; eux, ils sont déterminés à ne pas se laisser bouffer.

Pourquoi ne pas prévoir un petit *sitting* en famille, avec à l'ordre du jour l'élaboration d'un programme qui simplifierait la vie à tout le monde ? La réflexion pourrait s'ouvrir sur une discussion à bâtons rompus où chacun mettrait à plat ses propres priorités, par rapport à celles de la famille. Après, on éplucherait les plannings respectifs pour dégager du temps. Et toute la famille pourrait en profiter.

Distribuez équitablement les tâches : préparation des repas, vaisselle, machines à faire tourner, ménage, jardin...

Les enfants vont se sentir investis du bien-être de toute la famille, et ça va faire des vacances au pigeon de service.

Le plan ne va peut-être pas enchanter tout le monde. En fonction de la dynamique interne de la famille et de l'âge des enfants notamment, les réactions à la perspective d'un changement d'habitudes pour soi-disant se simplifier la vie peuvent être diverses et variées. Mais ne partez pas battus d'avance. Avec la pression qu'on leur met aujourd'hui, ils pourraient bien vous donner des leçons.

33

Quand l'autre ne veut pas faire simple

C'est une chose que de faire participer les enfants, ou, s'ils font la sourde oreille, d'essayer de les faire participer. Mais c'en est une autre, quand votre partenaire ne veut rien entendre.

Si tel est votre lot, ne baissez pas les bras. Ce ne sont pas les solutions qui manquent.

Voyez d'abord ce qui peut être simplifié dans votre vie à vous : votre boulot, les gens que vous voyez, vos activités en tout genre, votre gym, votre penderie, votre voiture, votre bureau, votre côté de l'armoire à pharmacie, etc.

Il est possible qu'en vous voyant faire, votre partenaire se trouve édifié et vous emboîte le pas. Au pire, vous aurez trouvé l'énergie pour vous coltiner quelqu'un qui se complaît dans une vie compliquée.

De toutes les façons, ne perdez pas votre temps à vouloir changer l'autre. S'il (ou elle) ne manifeste pas le moindre intérêt pour ça, ce n'est pas en le (ou la) harcelant à longueur de journées que vous allez changer quoi que ce soit. Et c'est vous qui allez finir par vous compliquer la vie.

Il y a une autre solution, c'est d'arrêter de penser que l'autre doit se simplifier la vie à tout prix. On peut très bien vivre de façon disparate et s'apporter beaucoup l'un et l'autre. Quand on s'aime et qu'on se sent proche dans mille autres domaines, il faut savoir respecter l'autre, même si on le trouve terriblement compliqué.

Si, comme souvent, c'est le foutoir de l'autre qui est dans le collimateur, les choses se gâtent. Beaucoup doivent cette manie d'accumuler au fait qu'on ne leur a jamais appris ce que c'est qu'un bon nettoyage de printemps. Mais ils ne demandent qu'à apprendre.

Il y en a d'autres au contraire, qui ne peuvent s'épanouir, c'est du moins ce qu'ils se plaisent à penser, qu'au milieu d'un bazar innommable et de complications insensées. Sans doute ne se sont-ils jamais posés la question de savoir à quel point ça peut leur pourrir la vie, ou pourrir la vôtre. Le cas échéant, l'ouverture est possible ; sinon pour un changement, du moins pour un compromis.

Mais quand on se trouve face à un individu qui amasse pour combler un manque d'affection qui remonte à son enfance (ou pour trouver un refuge suite à des mauvais traitements, ou suite à la perte d'un proche), il faut trouver de l'aide. Ensemble, il faut alors se tourner vers la médecine.

Si ça dépasse les bornes, arrêtez de vous raconter des histoires. La rupture, sinon rien. Bien qu'il s'agisse là d'une solution extrême, je connais des gens pour qui faire ce choix a été salvateur, l'autre s'étant montré incapable de se mettre au diapason.

Bien sûr, il se peut également qu'à partir du moment où l'un consacre plus de temps à la relation, les priorités de l'autre s'inversent. Il devient à son tour plus attentif, et tout le monde y gagne.

Il reste une dernière option, c'est de rallier un complice à votre cause (*cf.* chapitre 34) et de vous résoudre, pour l'heure en tout cas, à naviguer en solo.

34
Trouvez un complice

Si vous sentez que vous avez besoin d'un coup de main dans votre quête de vie simple, et si vous n'avez pas réussi à rallier à votre cause votre partenaire, débrouillez-vous pour trouver un, deux ou trois amis avec qui rester en contact, pour échanger vos impressions et vous faire épauler.

Une seule personne suffit, du moment qu'elle comprend et qu'elle compatit. La tâche sera moins rude. Dans notre culture, l'idée même de se simplifier la vie va tellement à l'encontre de la mouvance générale que, tout seul, on a un peu de mal.

Si vous n'avez trouvé qu'un seul complice, arrangez-vous pour rester en contact téléphonique une ou deux fois par semaine. Dix à quinze minutes, pas plus. On est tellement vite parti dans des conversations qui n'en finissent plus... L'idée, c'est de gagner du temps, rappelez-vous.

Si vous avez réussi à mettre le grappin sur trois ou quatre autres, le mieux est encore d'organiser une rencontre une fois par semaine, pour comparer vos doléances.

Vous êtes cinq, par exemple. Qu'est-ce qui vous empêche de vous retrouver pendant une heure et demie ? Chacun a un quart d'heure pour faire part de son expérience, et le quart d'heure qui reste, on récapitule.

Débrouillez-vous pour trouver un endroit facile d'accès, de manière à pouvoir entrer dans le vif du sujet sans tergiverser. Profitez du dernier quart d'heure pour voir si la réunion a porté ses fruits et, si besoin est, revoyez-en les modalités.

Et puisqu'il est question de se simplifier la vie, donnez le bon exemple. Éliminez tout ce qui pourrait vous la compliquer, genre thé et petits gâteaux. L'idée, c'est que cette réunion serve à quelque chose.

35
Et pour ceux qui ne veulent pas comprendre ?

En prenant la décision de se simplifier la vie, on prend à rebrousse-poil l'idée de « belle réussite », telle qu'on veut bien la définir en France. Amis ou collègues, ceux qui ont les yeux rivés sur l'Œil de *Vogue,* ou qui ont besoin de compulser le *Who's Who* pour exister, pourraient bien toussoter quelque peu. À leurs yeux, vous aurez tout simplement pété les plombs. Ou alors ils penseront que vous n'avez pas la carrure pour réussir dans le « grand » monde.

Même s'ils ne l'admettraient pour rien au monde, ils pourraient voir dans votre nouveau style de vie une menace contre le leur.

Pour beaucoup, l'idée qu'on puisse dépenser moins et mener une vie simple n'est pas seulement une vue de l'esprit ; c'est une aberration. Question à mille francs : « Pourquoi se contenter de peu quand on peut avoir beaucoup ? Ou tout ? »

Les réactions sont variées : ça va de la petite vanne affectueuse aux mises en garde bien-pensantes, pour aller jusqu'au rejet catégorique.

Soi-même, on peut être pris de doutes. Quand pendant des années on n'a été que ce qu'on représente, en termes de situation professionnelle (pas seulement face à soi-même, mais aussi vis-à-vis de sa famille, de ses amis, de ses collègues et de son milieu), il peut devenir très difficile de retrouver ses marques.

Au fur et à mesure que vous avancez, prenez le temps qu'il faut pour expliquer la chose à vos amis. Dites-leur que vous avez décidé de ne pas laisser votre vie passer sous les fourches caudines de la réussite, ou ce qu'on leur vend comme tel. Mais ne vous attendez pas à trop de sollicitude de leur part. Ni à la moindre adhésion.

Eh oui ! Difficile d'aller à l'encontre de l'ordre établi. Mais une fois qu'on s'est donné la liberté de savourer sa vision toute personnelle de la réussite, on n'a aucun mal à se détourner de ce genre d'individus. Allez leur faire comprendre qu'il ne suffit pas d'ahaner quinze heures par jour sur un job médiocre, quelle que soit la feuille de paie en fin de mois, pour être en harmonie avec soi-même !

Comme Cynthia Ferguson (*cf.* chapitre 3), vous serez bientôt fort aise de pouvoir en rigoler. « Expliquer ? Pour quoi faire ? Laisse-les continuer à se demander comment je fais pour avoir une pêche pareille, et pourquoi j'ai le sourire accroché aux oreilles. »

36

Trouvez le juste équilibre

Une des premières choses que j'ai faites, à peine le programme de simplification attaqué, c'est de bazarder les plantes vertes. Speed, notre chatte (un cas : j'ai piqué son nom à une *Pasionaria,* dans un roman de Gibbs), avait pris l'habitude d'en boulotter les feuilles, pour les vomir ensuite sur le tapis. Typique... Ça a fini par tellement me taper sur les nerfs qu'il a fallu choisir : ou bien virer les plantes vertes, ou bien se débarrasser de la chatte.

En tout autre point, Speed était un amour de chatte. Le verdict est tombé : ce sont les plantes vertes qui devaient valser.

Ce n'est qu'une fois que je les ai eu données aux amis et aux voisins, que j'ai réalisé tout le boulot que ça m'avait donné jusque-là. Comme dit cette lectrice : « Je ne m'étais jamais aperçue du temps que ça pouvait prendre, les plantes vertes. Pire que des gamins : il faut les nourrir, leur donner de l'eau et ramasser derrière elles. Moi aussi, je me suis débarrassée de mes plantes vertes et je me suis simplifié la vie ! »

Mais les années ont passé et j'ai commencé à languir. Le problème, en fait, c'est que je m'étais laissée envahir : chez moi, c'était devenu la forêt vierge.

Il y a quelque temps, une amie m'a donné une superbe orchidée. À ma grande joie, cette plante magnifique n'est pas du goût de Speed. L'orchidée est une plante qui demande un minimum d'entretien, qui ne perd pas ses feuilles et qui reste en fleurs des mois durant. Maintenant, j'en ai deux ou trois autour de la maison, et je suis ravie. Non seulement c'est beau, mais... c'est simple.

En bazardant toutes les plantes, je m'étais laissée emporter. Il est vrai qu'au début, ça m'a plutôt simplifié l'existence ; mais à la longue, je me suis rendue à l'évidence : une ou deux plantes, c'est quand même bien agréable. J'avais trouvé le juste équilibre.

Sachez qu'au début, pour trouver le juste équilibre, il vous faudra peut-être prendre des mesures drastiques : éliminer tous les journaux, réduire les corvées de maison, et (momentanément) espacer les dîners avec les amis.

Une fois dégagé des autres contraintes et bien installé dans une vie simple, vous aurez tout loisir de rectifier le tir et d'en revenir à telle ou telle vieille habitude. Il se peut aussi qu'une fois que vous en aurez redéfini les contours, cette vieille habitude retrouvée vous apporte finalement beaucoup. Mais cette fois, dans une nouvelle incarnation.

37

Et ça, vous croyez sincèrement que ça va vous simplifier la vie ?

Plus on a avancé dans le processus, Gibbs et moi, plus on a pris l'habitude de se poser systématiquement une question, avant de faire le moindre achat, de s'abonner au moindre service, ou de changer quoi que ce soit dans notre ligne de conduite. Cette question, c'est la suivante : « Est-ce que ça va vraiment nous simplifier la vie, ça ? »

Tenez : la voiture, par exemple. Dans le cadre de notre vaste entreprise de délestage, après avoir passé des années à jouer au Frisbee avec nos cartes bancaires, nous nous sommes résolus à en revenir à une seule voiture pour deux. Vu que moi, je travaillais maintenant à la maison, et que Gibbs avait trouvé un bus qui le mettait à son bureau en dix minutes, on s'est dit qu'avec un minimum d'organisation, quatre roues suffiraient amplement.

Donc, en nous installant dans nos nouvelles pénates, un appartement avec bus direct jusqu'au boulot de ce cher Gibbs, ça n'a pas fait un pli. « Ach ! Nous vendre vieille Volvo ! », qu'on s'est dit.

Mais avant de prendre une décision par trop hâtive, mieux valait tester les horaires. Pendant des mois : impeccable. Jusqu'à ce que le bureau de Gibbs change d'adresse et que ça n'aille plus du tout. De mon côté, je devais passer plus de temps sur les routes, et ce n'est pas en stop que j'allais le faire.

Intellectuellement parlant, on était prêt à renoncer à une des deux voitures. Mais le fait est qu'en réalité, avec nos nouveaux emplois du temps, et coincés dans un secteur aussi mal desservi, cela nous aurait compliqué la vie plus qu'autre chose.

Un jour, en revanche, alors qu'on avait entrepris quelques travaux mineurs dans la maison, la liste avait été dressée des transformations à faire. Comme on avait pris l'habitude de se poser la question fatidique « Est-ce que ça va vraiment nous simplifier la vie, ça ? », on a tranché dans le vif. Plus de la moitié des choses qui nous semblaient si incontournables, hop ! à la trappe !

Oui, ça allait nous simplifier la vie de remplacer la charrue qui nous servait de machine à laver et qui ruinait le linge, et dans la foulée le sèche-linge déglingué, avec sa position unique sur grille-pain. Oui, poser une porte à la niche du chat, non seulement nous en faciliterait le nettoyage et l'entretien, mais aussi dégagerait l'accès au débarras, déjà exigu.

En revanche, le plan de travail de la cuisine était très bien comme il était. Le changer, et puis après ? Ça allait nous coûter la peau des fesses, et nous empoisonner la vie tout le temps des travaux. Mieux valait ne toucher à rien.

Voilà. Nous sommes noyés sous les gadgets du prétendu confort moderne (signal d'appel, *E-mail,* et autres robots ménagers) et sous un déluge de solutions miracles censées nous simplifier la vie. En fait, ça la simplifie peut-être aux autres, mais nous, ça ne fait que nous la compliquer.

Face au flot de complications de la vie moderne, il faut ferrailler dur. Pour aborder ce combat de tous les instants, je vous propose une arme de choix. Cette arme, c'est une question toute simple : « Est-ce que ça va vraiment nous simplifier la vie, ça ? »

V

Se débarrasser de son foutoir

38

Par quoi je commence ?

Vous êtes prêt à vous débarrasser de tout le fatras qui vous empoisonne la vie depuis des années ? Mais vous ne savez pas par quel bout le prendre ? OK. Alors, commencez par le commencement.

Récemment, j'entends une femme se lamenter. Son bureau croule sous les dossiers, les papiers de famille, la paperasse administrative, les rapports, les coupures de presse, que sais-je ; un foutoir de tous les diables qu'elle a amassé pour ses multiples projets.

Elle sait fort bien ce qui l'attend : il faudrait se retrousser les manches, trier tout, de fond en comble, se faire violence pour ne garder que l'essentiel et, finalement, en jeter les trois quarts. Mais pas moyen de s'y mettre : un boulot titanesque.

Mon conseil ? Laissez tomber le bureau, pour l'instant du moins, et commencez par autre chose. Tiens, au hasard : le linge de maison.

Vous avez déjà vu, vous, une armoire à linge qui soit autre chose qu'un ramassis de draps usés jusqu'à la corde et dépareillés, dont personne ne veut plus ? Ou alors de draps flambant neufs, calibrés pile à la taille du lit que vous avez fait valser il y a trois ans ? Ou de piles de serviettes de bain et de gants de toilette tellement croquignolets que, même avec un revolver sur la tempe, vous n'oseriez plus les sortir ?

Et toutes ces nappes et ces serviettes adorables ? Ça fait des années que vous ne vous en êtes pas servi. À peine vous ouvrez le tiroir qu'un méchant fer à repasser se met à clignoter sous votre crâne et vous fait les yeux doux. C'est fini, tout ça : offrez-les donc à quelqu'un qui aime repasser.

Sinon, vous avez aussi la cuisine. Attaquez par les blocs. Vous savez, les rayons tout là-haut ? Tout ce qui dort sous une belle couche de poussière, ça dégage. Je vous parie un billet que vous n'y avez pas touché depuis des années. Et que vous ne vous en servirez plus jamais.

Jetez tous les gadgets soi-disant « pratiques » du genre sorbetière, moule à gaufres, chauffe-plats et service à fondue, dont vous vous servez une fois tous les trente-six du mois. Faites des heureux : donnez-les (personne n'en a plus besoin que vous, mais ça vous fera des ramasse-poussière en moins sur les rayonnages).

Passez la maison au crible : le dessous de l'évier, la buanderie, la cave, et tiens, l'armoire de l'entrée pendant qu'on y est… Pas trop de scrupules, là ? Alors, purgez.

C'est fou, mais on devient l'otage de son propre foutoir. Il nous en coûte tellement de se séparer de certaines choses (ou des choses tout court) que c'est au-dessus de nos forces. Mais quand on commence par le plus facile, on se sent pousser des ailes. Du coup, on a beaucoup moins de mal à se débarrasser du reste. Y compris des gros morceaux.

Une fois le nettoyage par le vide commencé, passez aux choses sérieuses. Tout de suite, dans la foulée. L'idée, c'est de profiter de votre élan.

Comme me l'écrit une lectrice, Nancy Hawkins : « Livre

après livre, je me suis échinée à appliquer des consignes pour apprendre à m'organiser. Finalement, il n'y a qu'une chose à apprendre : empiler ne sert à rien. Ce qu'il faut, c'est simplifier et bazarder. »

Je ne le lui fais pas dire. Essayez vous-même, et vous verrez. Quand on jette, plus besoin de « ranger ».

39
On a dit débarrasser, pas « tout foutre en l'air » !

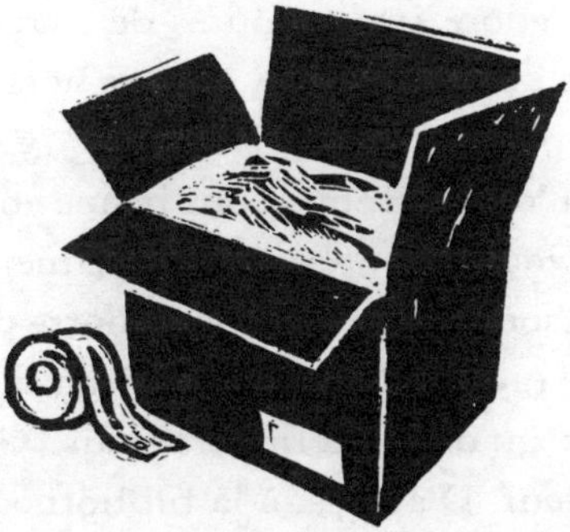

Quand je fais mon petit laïus à propos de la vie simple, et qu'on en arrive au problème du foutoir, il y a une remarque qui me revient systématiquement dans la figure. Quelqu'un m'envoie : « J'ai fait un nettoyage de printemps colossal, j'ai balancé tout ce que j'ai pu, mais qu'est-ce que je fais de ma collection de coupes de foot en argent ? C'est vrai que ça prend une place folle et que je ne les regarde même plus, mais les jeter, ça, jamais ! Alors ? »

D'autres fois, c'est la boîte de souvenirs. Ou la collection de 45 Tours. Ou l'argenterie de grand-mère. Ma réponse est simple. Si c'est au-dessus de vos forces, ne vous forcez pas.

Gibbs et moi, ce sont les livres. On en est dingues. On adore lire. On adore être entourés de livres. Quand on a commencé notre grand ménage, il était hors de question d'y toucher. Trop précieux.

Mais une fois qu'on a eu rempli une benne entière de tous nos nanars, je ne vous raconte pas le sentiment de libération. L'heure avait sonné de reconsidérer notre point de vue.

En ratissant les rayons, il n'a pas été trop dur de faire le tri des incunables qu'on ne relirait jamais. Certains sont partis chez le soldeur. D'autres, à la bibliothèque du coin. D'année en année, la sélection s'est faite plus impitoyable. Et jamais un seul livre ne nous a manqué.

Il nous en reste un maximum ; ceux-là, pas question de les sacrifier.

Après tout, si on a décidé de se simplifier la vie, c'est aussi pour avoir du temps pour lire.

Se débarrasser du foutoir, ça ne veut pas dire bazarder les trucs auxquels on tient. Ça veut dire bazarder les choses qui ne nous apportent plus rien, de façon à trouver du temps, de l'énergie et de la place pour celles qui nous apportent beaucoup.

On associe tellement sa propre identité à tout le bazar qu'on accumule. Quand on commence à jeter, on a l'impression de se jeter soi-même avec l'eau du bain. Faux : souvent, cela permet juste de sortir la tête hors de l'eau, pour (re)devenir celui ou celle qu'on est vraiment.

40

Ces trucs qu'on garde parce que « ça peut toujours servir »...

Au moment de claquer les portes de la camionnette, prêts à embarquer aux puces tout ce qui devait débarrasser le plancher à jamais (« Tout doit disparaître », Acte 1, Scène 1), Gibbs et moi avons marqué une pause, et on a fait un rapide inventaire.

Si on s'était coltiné un foutoir pareil jusque-là, déclara Gibbs, c'était uniquement sur la foi de notre vieille théorie : « On sait jamais, ça peut toujours servir. »

À tous les coups on gagne. On tombe sur un truc formidable dont on n'a pas la moindre utilité en ce bas monde, et on plonge : « Je sais pas ce que c'est que ce truc, mais ça peut servir un jour », se dit-on. Et hop ! Ça part là-haut, sur la dernière étagère (à côté de tous les trucs qui peuvent servir un jour).

« Ça ne mange pas de pain, et ça ne prend pas de place. Autant l'avoir à portée de la main, au cas où », se dit-on.

Le problème, c'est que ça prend la poussière. C'est fragile, alors on l'enveloppe dans du papier à bulles. Parfois, ça a de la valeur ; il faut donc l'assurer. Au pire, ça prend de la place là-haut, sur la fameuse dernière étagère. Quelque part, ça nous pèse. Bref, c'est une merde de plus.

Debout sur le trottoir, on s'est regardé. Dans tout ce capharnaüm, il n'y avait rien qu'on n'aurait pu remplacer dans la seconde, en cas de besoin urgent. Mieux, avec deux ou trois billets de 500 F, on aurait remplacé la camionnette toute entière.

C'est drôle mais aujourd'hui, cinq ans plus tard, on n'a jamais regretté un seul de ces nanars.

Ah, si ! Il y a bien ces escarpins Charles Jourdan. Ça faisait des années qu'ils dormaient dans un placard, alors je les avais jetés sur la pile. J'avais pris ça du bout des doigts. Ceux-là, oui, je les ai un peu regrettés. Mais à la réflexion, pas tant que ça : s'ils ont dormi trois ans dans un placard, c'est qu'ils devaient être dans un tel état, que je ne les aurais jamais remis.

À part ça, non. J'ai beau chercher, je ne vois rien.

Alors, si toutefois vous étiez tenté de stocker une vieillerie de plus là-haut, sur la dernière étagère, « parce qu'on ne sait jamais, ça peut toujours servir », croyez-en mon expérience : il est beaucoup plus facile de remplacer, le cas échéant, que de stocker. C'est valable aussi pour tous les autres trucs que vous vous obstinez à garder « parce que ça peut toujours servir »...

Et si d'aventure vous étiez taraudé par les remords, consolez-vous : quand on retombe dessus, c'est rarement aussi indispensable et providentiel qu'on veut bien le croire.

41

Une fourchette, un couteau, une cuiller

Une lectrice, Grace Samis, m'a fait part d'une grande trouvaille. Ça va vous simplifier la vie dans tous les endroits de la maison où la pagaille fait rage.

Voilà ce qu'elle m'écrit :

« Chez moi, je m'efforce de ne garder que deux « trucs » de rechange, par rapport au nombre de personnes que j'ai à demeure. Je m'explique : on est quatre, donc j'ai six assiettes. Pas une de plus. *Idem* pour les verres, les tasses, les couteaux, les fourchettes, les cuillers, les oreillers, les couvertures, les draps, les serviettes, etc.

« C'est un triple enchantement. D'abord, parce que ça libère une place considérable. Ensuite, parce que tout est toujours impeccable. Finie la vaisselle qui s'empile dans l'évier : on a besoin des assiettes pour le repas suivant. Enfin, chose appréciable, on se fait squatter moins souvent ! Quand on n'a ni assiettes, ni oreillers, ni couvertures à disposition, ça devient nettement plus difficile pour les habitués du plan incruste : faut réserver longtemps à l'avance ! »

J'aime bien l'idée pour plusieurs raisons.

1. Ça met du cœur au ventre pour l'opération déblayage. Une fois qu'on s'est fixé une limite (celle-là ou celle qui vous conviendra), il n'y a plus de questions à se poser. Finis les états d'âme. Deux trucs de plus que le nombre de personnes à résidence, et le reste : du balai ! Direction Emmaüs ou qui vous voudrez.

2. Non seulement ça libère de précieux mètres cubes (des blocs de cuisine à l'armoire de la salle de bains, en passant par l'armoire à linge), mais en plus on s'y retrouve enfin. Je sais que j'ai le compte rond, deux trucs de rechange, et roulez jeunesse ! Ça va, j'ai donné : se mettre à quatre pattes

pour aller pêcher un hypothétique drap au fin fond de l'armoire, sortir la grande échelle pour explorer les hauteurs du dressing, merci bien. Maintenant, je connais l'état de mon stock par cœur : il y a ce dont je me sers tous les jours, et puis deux trucs de chaque en plus. Point barre.

Certes, si vous avez l'habitude de régaler la galerie, je n'insisterai point. À moins de vous équiper en assiettes en carton et couverts en plastique. Au pire, il reste la variante « auberge espagnole » : on peut apporter son repas et son couvert... Extrême, mais pourquoi pas.

Grace, ma chère, la meilleure façon d'éviter les « plans incruste » comme vous dites, c'est encore d'apprendre à dire non (*cf.* chapitre 57). Mais en attendant d'accéder à ces sphères, c'est un bon pis-aller.

42
Allez, on recommence depuis le début et on s'applique

Un certain nombre de gens m'ont raconté comment la vie toute seule s'est chargée de leur simplifier la vie. Ou alors on me l'a rapporté.

Ce sont des gens qui ont tout perdu dans un incendie, un tremblement de terre, une inondation ou un désastre dans le genre. Quand on perd tout ce qu'on possède dans de pareilles circonstances, les conséquences sont souvent dramatiques ; mais les gens dont je parle, eux, y ont vu un don du ciel.

« Le feu a parlé. Nous étions incapables de décider ce qu'il fallait garder ou pas. D'une certaine façon, le feu a mis fin à un calvaire », m'écrit une femme. Leurs biens partis en fumée, son mari et elle ont réalisé les boulets qu'ils se traînaient, et à quel point ça leur compliquait la vie.

« La plupart des trucs ne faisaient que prendre de la place et ne servaient strictement à rien. Au moment de recommencer de zéro, on s'est jurés de ne remplacer que ce dont on avait vraiment besoin, et de le faire intelligemment. Pari tenu : maintenant, on n'a pas grand-chose, mais ce qu'on a, on l'a choisi. »

Gibbs et moi, on a eu la chance de ne pas connaître un tel drame. Mais il s'en est fallu d'un cheveu. C'était juste avant qu'on décide de se simplifier la vie. À l'époque, on habitait dans une zone très exposée. Une nuit, un violent incendie fit rage et détruisit plus de six cents maisons dans le secteur. C'est cette tragédie qui nous a permis de faire l'inventaire objectif de tous les biens qu'on avait accumulés.

On s'est rendu compte d'une chose : on avait des tonnes de trucs qui ne servaient strictement à rien. Si ça valsait, non seulement ça ne nous manquerait pas le moins du monde, mais au contraire, ça nous ferait des vacances.

On avait failli tout perdre : du coup, on a eu moins de mal à larguer tous ces trucs qui ne servent à rien.

Je dois reconnaître qu'entre décider de faire le vide et tout perdre dans une catastrophe naturelle, il y a une légère nuance ; c'est vrai que là, on ne vous demande pas votre avis.

Comprenez-moi bien. Loin de moi l'idée de vouloir minimiser la tragédie et la douleur que peut générer une perte aussi terrible. Mais essayez quand même d'y réfléchir ; voyez de quelle façon vous, vous aborderiez la chose, s'il fallait tout recommencer de zéro. Faites un rapide tour de la maison, et faites la liste de ce que vous rachèteriez.

Faites une autre liste, mais cette fois des choses qu'il serait hors de question de remplacer, et même à la limite dont vous seriez trop heureux de vous débarrasser.

Et une fois prêt pour la grande vidange, commencez par là.

43

Prenez-moi tout ça en photo, qu'on n'en parle plus !

Face à sa collection de coupes de foot en argent et à tous ses grigris de sa glorieuse époque chez les Poussins, le jeune homme affrontait un dilemme. Il venait juste de prendre ses quartiers dans un appartement plus petit, plus simple, et tout ce qu'il voulait, c'était vivre zen. Il aurait bien dégagé cette collection décidément bien embarrassante, mais pour le coup, c'était vraiment au-dessus de ses forces.

C'est venu dans la conversation lors d'une de mes conférences ; quelqu'un s'est levé dans le public, lui a suggéré de faire un tri, de mettre de côté les trucs les plus significatifs, d'arranger tout ça artistement, et hop ! Clic-clac Kodak ! Ou même, de photographier ses trucs un par un, d'en faire un montage, et de faire un beau sous-verre.

Il pouvait même, disait-il, tout prendre en photo, faire don de l'ensemble à une école ou à un groupe de sculpteurs en herbe à la César, en quête de matériaux bruts, et garder les clichés par-devers lui, rangés dans un classeur par exemple.

C'est cette dernière idée qui a eu son aval : en effet, le bougre avait fait vœu de laisser les murs immaculés, sans rien qui capte le regard, du moins dans un premier temps.

Bon, le photomontage, ça ne marche pas à tous les coups, mais ça dépanne bien.

Attention quand même de ne pas se laisser envahir par les photos. Je suis bombardée de courrier de lectrices à ce sujet. Toutes s'accordent à dire que les photos, peut-être plus que tout autre objet personnel, sont la plaie des tiroirs, des placards, des bureaux, des étagères, des coins et des recoins. Si tel est votre cas, organisez une battue dans la maison et partez à la chasse aux clichés (les vôtres et ceux qu'on a cru bon vous offrir) qui jaunissent ici et là depuis des temps immémoriaux. Soyez cruel, ne laissez rien passer. Les photos floues ? Poubelle. Celles de gens que vous ne connaissez même pas, ou que vous ne voulez plus voir en peinture ? Poubelle. Classez les autres dans un album, dans l'ordre qui vous sied. Vous allez voir la place qu'on gagne, et avec quel plaisir et quelle simplicité on arrive à partager ses souvenirs de famille.

44

Les factures, on y touche une fois, et pas deux

Ça faisait des années que j'entendais parler de cette approche, pour endiguer le flot de paperasses, apparemment ingérable, qui submerge aussi bien nos bureaux que nos vies. Pendant des années, je me suis dit : « Pour les autres, pourquoi pas. Mais avec moi, ça ne marchera jamais. » Vu la masse de trucs que je recevais chaque jour, c'était râpé d'avance. Traiter le courrier au jour le jour ? Oublie ! Donc j'empilais ; et ce n'est plus des jours qu'il me fallait pour faire face à ce déluge toujours croissant… mais des jours et des jours.

Quand je me suis simplifié la vie, j'ai commencé par élaguer dans les revues, les magazines et les journaux qui m'inondaient aussi bien à la maison qu'au bureau.

J'ai également mis le holà à un autre déluge, celui des prospectus dont la poste me bombardait tous les matins (cf. chapitre 45).

En intensifiant le processus, quand j'ai commencé à prendre la tangente des multiples associations dont j'étais membre, dans l'immobilier ou ailleurs, j'ai non seulement diminué la cadence des factures qui m'arrivaient, mais j'ai résolu le problème de celles qui restaient, en optant pour le prélèvement automatique (*cf.* chapitre 80).

Mais à force d'entendre les lecteurs de *Simplifiez-vous la vie* unanimes, je me suis ralliée à leur cause, et j'ai décidé de tenter le coup.

Maintenant, je me réserve une heure en fin de journée pour trier le courrier et gérer la montagne de paperasses que vomit la boîte aux lettres. En général, ça ne va guère chercher plus de dix minutes, le temps de trier le courrier, de renvoyer un ou deux coupons-réponse, de lire telle ou telle note d'information, de classer ce dont je pourrais avoir besoin, et de passer tout le reste à la trappe.

Plus vite j'arrive à décider de ce qui reste et de ce qui valse, plus j'en mets à la poubelle, et moins j'en ai à classer.

Une chose aussi que j'ai remarquée : inutile de se dire

« Je lirais ça plus tard » ou « Ça, je ne peux pas en décider tout de suite », pour le mettre dans un coin en attendant. Moi, si je fais ça, vous pouvez être sûr que tout est à recommencer ; en moins de deux, je suis de nouveau submergée sous la paperasse. En revanche, si je me tiens à mon heure quotidienne de lecture du courrier du jour, à faire ce qu'il y a à faire pour pouvoir prendre éventuellement une décision (passer un coup de fil ou me renseigner ici ou là), j'expédie sans douleur les affaires courantes. Et pas besoin d'y revenir. À un moment ou à un autre, de toute façon, il faut bien se décider. Alors à quoi bon tergiverser pendant des heures ?

On n'imagine pas comme on se sent léger quand on n'a plus ces monceaux de paperasses sur la conscience, et qu'on a fait *tabula rasa* sur son bureau. Je vous le dis : mon courrier me prend dix minutes par jour. Une heure, dans les cas extrêmes.

Si ça doit déborder au-delà d'une heure, je m'en garde un peu pour le lendemain. Cela dit, avec les mesures drastiques que j'ai prises pour réduire le volume de mon courrier, et comme j'ai renoncé à remettre au lendemain ce qui peut être décidé le jour même, c'est rarissime.

Si je peux gérer l'affaire en moins d'une heure, et c'est généralement le cas, je m'octroie un moment de détente ; un petit tour dans le jardin, un ou deux coups de fil aux copines, ça n'a jamais fait de mal à personne. Sinon, je me contente de buller. Tranquille.

Toucher au courrier une fois, et pas deux : voilà une chose que je place tout en haut de la liste des décisions à prendre, pour arrêter de se laisser envahir.

Même chose pour les journaux et les magazines. Il m'est revenu que pas mal de gens se sont simplifiés la vie en lisant leur journal du matin tout de suite. Ensuite, ils le refilent à un copain ou à un voisin, ou ils le ramènent au bureau pour le partager avec un collègue. Non seulement c'est un moyen imparable de ne pas se laisser envahir par le papier, glacé ou pas glacé, mais ça divise par deux le coût de l'abonnement. En plus, comme bien des aspects de « Vivre simplement », c'est plutôt bénéfique à l'environnement. Si on s'y mettait tous, imaginez l'incroyable économie. Chaque jour dans le monde, on produit des tonnes de papier rien que pour ça. Des forêts entières pourraient être sauvées.

45
Pour en finir avec le déluge de prospectus dans la boîte aux lettres

C'est clair : les prospectus qu'on reçoit par la poste sont l'un des grands fléaux de notre temps, et incontestablement source de la plus inutile et la plus encombrante des pagailles. Dans *Simplifiez-vous la vie,* j'explique comment faire face à ce fléau en vous inscrivant sur la liste orange ou la liste Robinson (*cf.* adresses en annexe), afin d'exiger que vos coordonnées ne soient plus vendues à quelque société de mailing que ce soit.

Donna, une amie de Chicago, me dit que c'est un bon début, mais qu'il y a infiniment mieux. Voilà ce qu'elle m'écrit : « Je suis carrément passée d'un Caddie plein de courrier par semaine, à tout juste une poignée par jour, en appliquant les préceptes d'un petit livre à 3 dollars : *Stop Junk Mail Forever* de Marc Eisenson, chez Good Advice Press, Elizaville, NY, 12523, USA. Tél. : (00.1. 914) 758-1400. Se mettre sur liste orange, c'est bien, mais ça ne suffit pas. Je me suis rendue compte d'une chose : des revues professionnelles auxquelles je suis abonnée à ma banque, en passant par les organisations dont je suis membre ou ma compagnie d'assurance-auto, sans oublier l'organisme auprès duquel j'ai souscrit mon emprunt, ils avaient tous vendu mon nom. J'ai également standardisé mes nom et adresse sur notre machine à affranchir, de façon à ne plus me retrouver sur toutes sortes de listes, du fait d'orthographes fantaisistes. Sinon, je me suis fait faire un petit tampon qui barre en rouge : NE PAS CEDER, VENDRE OU ECHANGER MES NOM ET ADRESSE. En plus, le facteur boit du petit lait. »

J'ai donc suivi les conseils de cette chère Donna, et je me suis acheté ce petit bouquin. De l'or en barre, si vous voulez mon avis. Il délivre une vingtaine de bons plans pour effectivement en finir avec ce déluge de prospectus dans la boîte aux lettres, et même avec les démarcheurs par téléphone.

Pour moi, en moins d'une heure, l'affaire était réglée ; j'avais passé tous les coups de fil et envoyé toutes les bafouilles dont ils parlent. Une bonne fois pour toutes, j'étais rayée de ces satanés listings. Vous n'imaginez pas la quantité de courrier à trier chaque jour que ça fait en moins. Et adieu la tentation ! Ça suffit, maintenant, de vouloir acheter toutes les conneries dont on nous rebat les oreilles dans ces espèces de quatre-pages en quadrichromie dorées sur tranche, non ?

Si vous en avez assez des prospectus et des démarcheurs par téléphone, faites comme moi : commandez ce petit livre. Il faut parler anglais, mais il y a des adresses françaises.

46

Ne me dis pas que tu récupères les bouts de papier alu ?

On a tous entendu ces histoires de petites grand-mères qui laissent en héritage une pelote de ficelle de la taille d'une Mercedes, ou une pile de journaux haute comme la tour Eiffel, qu'elles n'ont jamais eu le temps de lire d'ailleurs. Parfois, ce sont des tiroirs pleins de bouts de crayons rongés jusqu'à l'os, ou alors des élastiques tellement distendus que personne n'en voudrait, même à l'article de la mort.

Et vous, alors ? Vous devez bien empiler ce genre de trucs parfaitement inutiles, dans un coin quelque part ?

Si la réponse est oui, chapeau, *Gentlemen !* Avec un stock de nanars pareil, plus jamais vous ne viendrez à manquer de vieux bouts de ficelle, ni de punaises tordues.

Personnellement, je n'ai jamais été une compulsive du coupon d'offre spéciale ayant dépassé la date d'expiration, ni même du timbre périmé (en tout cas pas à un stade avancé). Non, moi, mon problème depuis des années, ce sont plutôt les vieilles enveloppes 21 x 29,7.

Mariée à un auteur/rédacteur en chef, je fus vite envoûtée par le providentiel et formidable va-et-vient des grandes enveloppes en papier kraft. C'est là-dedans qu'arrivaient par wagons les tapuscrits des journalistes. À chaque fois, c'était plus fort que moi : il fallait que je me jette sur le nouveau butin. Encore et toujours la bonne vieille théorie du « on sait jamais, ça peut toujours servir » ! Une ou deux enveloppes, ça va. Mais des centaines, bonjour les dégâts !

Quand j'ai lancé mon opération « Place nette », j'ai avalé un bon coup et, à l'exception d'une petite douzaine, j'ai fait valser tout le reste. Aujourd'hui, le kraft n'a même plus le temps de franchir le seuil de mon bureau : ça passe direct à la poubelle. Et quand j'entends dans l'escalier les pas du coursier qui rapplique les bras chargés de plis, je prends sur moi et, intérieurement, je psalmodie : « Oublie ça tout de suite, ma chérie. »

Voilà, c'est comme ça que j'ai réussi à me débarrasser du plus gros. Aujourd'hui, grâce à ma petite litanie, je n'en suis plus qu'à une petite douzaine d'enveloppes kraft qui jaunissent dans un coin. On n'est pas de bois, les enfants ! Mais enfin, c'est toujours mieux qu'une centaine...

Trouvez-vous une petite litanie, vous aussi, et ruminez-la à vos moments de faiblesse. Mais si toutefois vous en pinceriez pour tel ou tel nanar, genre papier à bulles à moitié crevées, coupures de journaux que vous ne lirez jamais, magazines périmés tellement passionnants que vous avez oublié de quoi parle cet article à lire absolument, bouts de tuyau qui s'emboucheront sûrement un jour (mais pas dans cette vie-là, j'en ai peur), pots de yaourt en verre qui feraient de si jolis photophores, bouts de tissu pour les patchworks, couvercles à bocaux hors d'âge, papier à lettre monogrammé à votre ancienne adresse, cartes de visite de cette boîte pour laquelle vous ne bossez plus depuis environ cinq ans, Pages Jaunes 1992, stylos bille exsangues, trombones sur les genoux, clés de je ne sais plus quelles serrures, limes à ongles éculées, Ray-Ban déglinguées, médailles du pauvre toutou, tickets de bus de la Compagnie des Transports Strasbourgeois (vous habitez Toulouse, maintenant ; ce n'est pas demain la veille que vous allez remettre les pieds en Alsace et, en plus, ils ont le tram, maintenant), ou scoubidous qui servaient à tenir un truc, mais quoi ? Ça vous reviendra une fois que vous vous en serez débarrassé. Mais je vous rassure : si d'aventure c'était le cas, de toute façon, ça ne sera pas du tout ce que vous vous étiez imaginé.

Alors, la prochaine fois, au moment de fourrer dans le tiroir un énième petit bout de papier alu tout froissé, lancez-vous, et virez-le impitoyablement.

47

Profitez de la bibliothèque du coin

Ça fait des années que je suis un vrai rat de bibliothèque, mais il a fallu que je commence à recevoir du courrier de mes lecteurs, et en particulier de jeunes mères de famille, pour réaliser à quel point ça permet de faire place nette.

Incroyable ce qu'une bibliothèque municipale peut absorber. C'est pratique, toujours disponible, et c'est incroyable l'espace que ça libère, en termes de foutoir. Je parle de celui qui rentre par kilos dans la maison : les livres bien sûr, mais aussi les magazines, les journaux, les bulletins, les cassettes, les vidéos, les CD, les ouvrages de référence et les sources d'informations en tout genre. C'est dingue.

Gratuitement ou pour des clopinettes, on a accès à un maximum de parutions récentes. Et la bibliothèque a ceci de formidable qu'elle vous astreint à les rendre à une date butoir. Sous-entendu : à les lire avant la date butoir. Bon, vous allez me dire : on ne lit pas forcément tout ce qu'on ramène de la bibliothèque. Je sais. Mais l'avantage, c'est que ça ne risque pas de squatter nos tables de nuit et nos étagères jusqu'à la saint-glinglin ; eh oui, un jour ou l'autre, il faut les rendre !

Je recommande également la bibliothèque du coin pour les opérations de délestage. Livres, cassettes, vidéos, et que ça saute ! En jouant les généreux donateurs, non seulement vous allez gagner une place considérable à la maison et au bureau mais, en plus, vous en ferez profiter les autres. Voilà une façon simple et satisfaisante de partager ses ressources.

Au pire, quand vous faites don de vos livres, vous savez où les trouver, au cas où vous auriez une urgence (si toutefois ladite bibliothèque les a jugés dignes d'être archivés). Ce qui permet d'avoir des livres sans en avoir. Hé ! Trouvez-moi plus simple que ça !

48

Faites-vous aider

Nombre de gens, sitôt qu'ils ont compris à quel point se débarrasser de son foutoir peut simplifier la vie, se retroussent les manches et se mettent tout de suite au charbon. Mais d'autres se montrent moins véloces ; ils ont besoin d'un petit coup de pouce. Si tel est votre cas, n'hésitez pas.

Demandez un coup de main à quelqu'un de votre famille, à un féru de vie simple ou à un ami proche. Le lascar devra être suffisamment solide pour subir vos jérémiades et vos suppliques, au moment où vos quinze années de *Géo* passeront à la trappe, mais capable de faire preuve de mansuétude quand c'est sur vos cahiers d'écolier qu'il faudra statuer.

Décidez de l'endroit où vous lancez l'assaut : au grenier, dans les placards, où vous voudrez. Si vous vous sentez l'âme d'un héros, avalez un grand coup et lâchez-le dans le grenier tout seul. Qu'il gère, comme un grand ! Vous n'avez pas la moindre idée de ce qu'il y a là-haut, de toutes les façons. Aucun risque que ça vous manque un jour.

Ou alors établissez un cahier des charges. D'accord pour bazarder tous les trucs d'avant 1990. D'accord pour bazarder toutes les fringues. Mais pas touche aux livres, par exemple.

J'ai arrangé le coup à une amie. Sa penderie avait beau être un ramassis de vieilleries que, de toute façon, elle ne pourrait jamais remettre, l'idée d'en bazarder la moitié lui était tout bonnement insupportable. On a fait un marché, toutes les deux : elle pouvait assister à la purge, mais c'est moi qui statuais sur ce qui était à garder, et sur ce qui devait valser (c'est tellement plus facile de flanquer les trucs à la poubelle, quand ce ne sont pas les vôtres !). L'affaire liquidée, elle avait le droit d'en repêcher trois. Pas un de plus.

On a diligenté ça au plus vite vers le Guérrisold du coin : pas le temps d'avoir des états d'âme. L'idée, c'était que quelqu'un puisse prendre les décisions à sa place.

Cette technique présente un double avantage : non seulement on échappe à la vaste prise de tête que constituent ces choix cruels, mais en plus, on peut toujours, en cas de regrets, se défouler sur le responsable.

Pas convaincu ? Si pour cette tâche, ma foi délicate, vous n'avez qu'une confiance relative en vos amis ou en votre famille, il reste les professionnels de la profession. Regardez dans les Pages Jaunes. Il y a sûrement un pro dans votre coin.

VI

Consommer Autrement

49
La liste des 30 jours

Maintenant qu'on a passé en revue différentes techniques pour se débarrasser de son propre foutoir, voyons comment éviter de se laisser envahir à nouveau.

Il ne vous est jamais arrivé, en musardant dans les allées d'un grand magasin, de tomber sur un truc qu'il vous fallait séance tenante ? Il y a fort à parier qu'avant de le découvrir en rayon, vous n'en soupçonniez même pas l'existence. Mais maintenant que vous avez le nez dessus, il vous le faut. Et toutes affaires cessantes.

Qu'on en ait besoin ou pas, qu'on puisse se le payer ou pas, qu'on en ait vraiment envie ou pas, tant pis : on craque et on repart avec l'engin sous le bras. Ça va servir une fois, deux fois, une demi-douzaine de fois à la limite.

Un jour, on retombe dessus. Ça traîne dans un coin, et on se demande ce qui a bien pu nous prendre d'acheter un truc pareil. Et comme d'habitude, ça finit là-haut, sur la dernière étagère.

Scénario éculé. Chaque jour, on est des millions et des millions à le répéter en chœur. Pourquoi ? Parce que des annonceurs investissent chaque année des milliards de francs lourds pour nous saigner à blanc. Sage investissement, d'ailleurs. L'expérience le prouve : on nous fait acheter n'importe quoi.

Une fois que Gibbs et moi avons réussi à bazarder une bonne partie de notre foutoir et qu'on a déménagé pour plus petit, on s'est aperçu d'une chose. Petit à petit, comme je l'évoquais plus haut, la fièvre acheteuse nous avait rattrapés, et avec elle le besoin d'accumuler. C'était un signe : l'heure avait sonné de consommer autrement.

On a imaginé une liste : la liste des 30 jours. Dès qu'on tombe sur un truc apparemment indispensable, au lieu de se précipiter pour l'acheter, on le couche sur la liste. Au bout de trente jours, si on se rappelle à quoi cela était censé servir, on peut envisager de se l'offrir. Ou alors on repousse encore de trente jours. Mais généralement, au bout des trente premiers jours, on est déjà incapable de dire pourquoi on en voulait tant, de ce truc.

Essayez, vous verrez. À la prochaine offensive de pub, au lieu de vous ruer sur votre chéquier ou de vous précipiter pour dégainer votre Carte Bleue, adoptez une tactique similaire, et faites-en profiter les autres membres de la famille. Ça demande un minimum de discipline, mais ça présente deux gros avantages : non seulement vous allez faire des économies substantielles, mais en plus, ça vous évitera d'accumuler encore des nanars que tôt ou tard, il faudra passer à la trappe.

50
Fièvre acheteuse, ton univers impitoyable !

Autre truc précieux pour apprendre à consommer différemment : déceler suffisamment tôt les premiers symptômes de la fièvre acheteuse. Gibbs et moi, on a cerné les deux principaux, et aujourd'hui, on arrive à les maîtriser.

Primo, les symptômes physiologiques. Ça commence par un petit haussement des sourcils : tout à fait par hasard, vous venez de tomber sur un truc qui vous émoustillerait presque. Légères palpitations. Accélération du rythme cardiaque. Montée d'adrénaline. Scrupules, accompagnés d'une violente envie de dégainer votre Carte Bleue. Souffle court. Salive. Bave dans les cas extrêmes.

Secundo, les acrobaties psychologiques. Vous vous surprenez à énumérer toutes les bonnes raisons qui justifieraient un tel achat. Il me le faut, ce truc. Ça va me changer la vie. Je le mérite bien. À quoi ça sert de bosser, merde. La ville est en soldes ! Allez, une petite folie de temps en temps. Y'a pas de mal à se faire du bien. Cinq cent francs, c'est donné. Bref, ça commence sérieusement à vous démanger.

Les démangeaisons, c'est le point critique. Mais dès qu'on commence à se gratter, c'est foutu.

Faites allégeance à votre liste des 30 jours, la liste où vous consignez tous les achats prétendument urgents, mais pour lesquels vous avez décidé de vous imposer un délai. Entortillez-la autour de votre Carte Bleue, ou scotchez-la à votre chéquier.

Effet placebo garanti : quand vous fouillez vos poches pour trouver la liste des 30 jours, c'est comme si vous mettiez la main au portefeuille. Ça calme les démangeaisons, et déjà la pression baisse.

Dans cette fraction de seconde, la partie de votre cerveau prise en otage par le gentil annonceur se relaxe légèrement, et dans un court instant de lucidité, vous remettez les pieds sur terre. La réalité, c'est que vous n'avez pas vraiment envie de ce truc, que vous n'en aurez vraisemblablement pas l'usage, mais qu'une campagne de pub et de marketing extrêmement pointue vous a persuadé du contraire.

Notez sur le champ la date et les références de l'objet. Remettez la liste dans votre poche. Et hâtez-vous vers la sortie.

Vous n'avez pas idée à quel point repérer les signes avant-coureurs de la fièvre acheteuse va vous simplifier la vie.

51

Faites appel à votre imagination, pas à votre porte-monnaie

Un des premiers engins qui est passé à la trappe, c'est le vélo d'appartement.

On l'avait acheté il y a cinq six ans, d'occase, mais nickel. Un monument à la gloire du pigeon consommateur ; superbe, étincelant, *kolossal.* J'ai bien dû l'enfourcher une demi-douzaine de fois. Et puis on l'a mis dans un coin, et hop ! ça a fait un ramasse-poussière de plus. À chaque fois que je passais devant, dans la chambre à coucher, je rasais les murs.

Grande idée : des années durant, on s'est félicité de l'avoir dégagé avec tout le reste.

Récemment, sevrés depuis cinq ans de tout engin d'intérieur (on s'en tenait à de bonnes balades revigorantes au grand air), un nouveau monument à la gloire du pigeon consommateur, étincelant et *kolossal* lui aussi, a commencé à nous faire les yeux doux : un StairMaster. Vous savez cette espèce d'engin pour se muscler les fesses ? Il faut pédaler sur place comme un malade, comme pour monter un escalier sans fin. En termes de performances, c'était sûrement plus efficace, finalement.

On avait mis ça sur le dos des chiens. En l'espace de quelques années, nos bonnes balades revigorantes s'étaient ni plus ni moins réduites à des tours de pâté de maisons, criblés d'innombrables arrêts pour que les toutous puissent se livrer à leur activité favorite : lever la patte. On avait beau maintenir un rythme quotidien, on se dépensait peu, et on brûlait de moins en moins de calories.

D'accord, c'est sympathique de faire courir les toutous : ça permet d'être au grand air tous ensemble, de contempler un beau coucher de soleil et de s'enivrer des beautés de la nature. Je vous le concède. Mais de là à appeler ça de l'exercice...

On s'est donc penché sur le problème. Il y avait justement ces pubs pour le StairMaster qu'on voyait partout : de toute évidence, la solution à tous nos maux. C'était reparti pour un tour. On s'était pourtant blindés, mais non : il a fallu qu'on retombe dans le panneau.

Enfin, on a failli retomber dans le panneau. On s'est tout de suite ressaisis. Merci la liste des 30 jours, et merci à notre vigilance extrême face aux premiers symptômes de la fièvre acheteuse. Un peu plus et on craquait pour un engin électrique qui pèse des tonnes, monstrueux je dois dire, alors qu'il nous suffisait d'aménager un minimum notre emploi du temps quotidien. Beaucoup plus simple, et prix de revient : zéro.

Élémentaire, mon cher Watson : on se fait un petit échauffement d'un kilomètre dans le parc du coin, le temps de laisser les chiens lever la patte, et on les remet dans la voiture. Là, on accélère le pas et on se fait deux fois le tour du parc au pas de course. Simple, non ?

J'ai un peu honte d'avoir été à deux doigts de capituler, pour céder à la facilité d'une solution compliquée et, finalement, foireuse. Une fois de plus, plutôt que de faire appel à mon imagination, j'allais taper dans le porte-monnaie.

Mais je parle en connaissance de cause, parce que j'en connais qui, comme nous (et vous êtes peut-être de ceux-là), ont bien du mal à résister à une bonne petite campagne de pub.

Attention, je ne dis pas que notre solution est le remède universel. Quand j'ai demandé au vendeur l'avantage d'un engin pareil par rapport à un petit jogging matinal, vous savez ce qu'il m'a répondu ? « Le facteur temps/météo/déplacement » !

En clair, si vous avez une heure d'embouteillages rien que pour vous rendre au parc, ou si vous habitez Vesoul et qu'il pleut six mois par an, c'est sûr que le StairMaster est peut-être une solution à envisager.

Mais en ce qui nous concerne, vu qu'on habite à cinq minutes d'un parc et qu'on jouit d'un climat pour le moins ensoleillé, ça ne tient pas debout. Ce n'est pas en claquant notre argent dans un StairMaster, aussi clinquant et *kolossal* soit-il, qu'on va se simplifier la vie.

Alors la prochaine fois que vous aurez un accès de fièvre acheteuse, essayez vous aussi de faire appel à votre imagination. Laissez en tout cas quelques jours passer, le temps de décrocher du besoin impérieux de claquer votre argent.

On a tellement vite fait de se retrouver avec un engin hors de prix sur les bras, tout juste bon à ramasser la poussière et à vous empoisonner la vie. Et je sais de quoi je parle.

52
Il y a un moment où il faut savoir dire stop

Au moment de lancer l'opération « Place nette », la stéréo et la collection de 33 Tours figuraient en tête de liste.

Ça nous avait coûté un paquet d'argent, cette chaîne, et qu'est-ce qu'on avait pu se mettre dans les oreilles. Mais le fait est que, depuis qu'on a acheté un magnétoscope, on ne s'en servait quasiment plus. Difficile de regarder des vidéos et d'écouter des 33 Tours en même temps, vous me direz. Et vu notre état d'esprit du moment, les soirs où on ne se faisait pas un vieux film, on avait plutôt envie de se plonger dans un bon bouquin. Tranquille.

Dans toute bonne maison, là où dans le temps on ne trouvait qu'une simple radio, il y a aujourd'hui au moins une télé, au moins une radio, une demi-douzaine de platines-cassettes, une caméra vidéo, un magnétoscope, une chaîne, deux-trois baladeurs et toute une tripotée de jeux vidéo. Amusant, non ? Plus on achète de trucs et moins on a le temps d'en profiter.

Mais quand bien même on aurait du temps à ne plus savoir qu'en faire, il y a un moment où il faut savoir dire stop. Mettez-vous ça dans le crâne, la prochaine fois que vous serez sur le point de craquer pour un de ces engins qui va encore vous prendre du temps et de la place. En tout cas, profitez-en pour donner tous ceux dont vous n'aurez plus le temps de vous servir.

53
Quand vous achetez du neuf, jetez du vieux

J'ai piqué cette idée à mes lecteurs. Principe élémentaire, simple comme bonjour. Et en plus, ça marche. Facile à inculquer aux enfants. Et facile à mettre en pratique soi-même.

Enfin, facile, c'est vite dit ; mais hautement recommandé pour contenir son foutoir dans des limites raisonnables.

Ça s'applique aux fringues, aux livres, aux jouets, aux outils, à la vaisselle, aux verres, à la quincaillerie de cuisine, aux ordinateurs et autres engins électroniques, aux téléphones, lunettes de soleil, draps, serviettes, oreillers, parapluies et meubles, pour ne parler que de l'essentiel.

Meubles ? Je veux, oui ! C'est d'ailleurs le seul domaine où l'on met ce principe en pratique. Vu que, pour le commun des mortels, le nombre de mètres carrés n'est pas extensible, on a une tendance naturelle à dégager le lit, quand on opte pour un futon. Sinon, c'est plus un appartement, ce sont les puces de Clignancourt !

Mais dans d'autres coins de la maison, c'est plus insidieux. Ce n'est pas un bouquin qui va faire ployer la bibliothèque. Ce n'est pas un petit ensemble qui va exploser la penderie. Ni un petit grille-pain qui va saturer les blocs de cuisine. Ni une Barbie, le coffre à jouets. Et ainsi de suite. Jusqu'au jour où…

Jusqu'au jour où ça dépasse les bornes. Ah ! Si seulement on avait pris l'habitude de jeter un vieux truc à chaque fois qu'on a pu en acheter un nouveau, on n'en serait pas là ! On arriverait peut-être à mettre la main sur un tournevis, ou à trouver une paire de chaussettes décente, sans galérer pendant des heures ; et à ouvrir un placard pour trouver une paire de draps, sans que la moitié de la maison nous tombe dessus !

Gibbs et moi, on a adopté cette méthode pour éviter de se laisser envahir par les livres. Maintenant, dès qu'on achète un nouveau bouquin, il y a une antiquité qui dégage. Ça fait des heureux. *Idem* pour les fringues.

Je reconnais que c'est difficile, pour un espace donné, de pouvoir dire à l'avance à quel moment il y a saturation. Mais quand on prend le pli de jeter un vieux truc sitôt qu'on en achète un neuf, pas besoin de s'appeler Nostradamus. On vit dans un espace zen, et c'est déjà pas mal.

54

Souvenirs tout simples

Journaliste dans le tourisme, Gibbs roule pas mal sa bosse de par le vaste monde.

Mais ça commençait à bien faire : si on continuait à ramener des têtes réduites de chaque bout de la planète où on mettait les pieds, on allait bientôt faire exploser la maison, les maisons de nos familles, et toutes celles de nos amis. Sans compter que ça commençait à chiffrer, et puis que c'est lassant de devoir sauter à pieds joints sur les valises pour les boucler, de faire le joli cœur à chaque fois qu'on passe la douane, et de toujours prier le ciel pour que les trucs arrivent entiers à destination.

Un jour, on s'est mis à rapporter les pochettes d'allumettes des restaurants qu'on écume au cours de nos virées. Maintenant, on a des centaines de pochettes d'allumettes, dans un gigantesque bocal posé sur le plan de travail de la cuisine. Pas une semaine ne passe sans que l'un ou l'autre n'y plonge la main, en sorte une pochette, lise l'inscription, et réveille un délicieux souvenir de voyage.

Le *Plow and Angel,* un ranch de San Ysidro où on est tombé amoureux. *Les Trois George,* à Georgetown, où on a passé notre lune de miel. L'hôtel *Pacific International* à Cairns, en Australie. Le *Jumby Bay,* à Antigua. Le *Wakaya Club,* dans les îles Fidji. *L'Enclos des lauriers roses,* à Cabières-Pont-du-Gard. *Le Moulin de la Mère Michelle,* à Arbois.

Une pochette d'allumettes, c'est coloré. C'est léger. C'est incassable. Pas besoin de l'envelopper dans du papier à bulles. On glisse ça dans sa poche le temps du voyage. On en trouve partout. Aucun entretien à prévoir. C'est fonctionnel. C'est gratuit. Dix-huit ans de souvenirs dans un gros bocal. Au rayon souvenirs, on fait difficilement plus « vie simple ».

Dans le genre souvenir pas trop lourd à gérer ni pour la maison ni pour le portefeuille, essayez aussi les étiquettes à bagages, les cartes postales, les fanions en tout genre et les timbres du monde entier.

55

Pitié, non !
Pas encore un ramasse-poussière !

L'autre jour, une femme me prend à part à l'issue d'une de mes conférences, et me fait part de toutes les mesures que son mari et elle ont dû prendre pour se simplifier la vie. Il est question du cadeau de la boîte que son mari n'a pas pu refuser au moment de son départ anticipé, de la vente de leur maison, de la grande purge mobilière pour arriver à tout faire tenir dans un *motor home,* et de comment ils ont pris leurs cliques et leurs claques pour deux ou trois ans, à battre la campagne pour aller rendre visite à leurs quatre enfants et neuf petits-enfants, disséminés aux quatre coins du pays.

Son problème, c'est quoi répondre à ses petits chéris quand ils demandent à Mamie et Papy ce qui leur ferait plaisir pour Noël, pour leur anniversaire ou comme cadeau tout court.

En tant que grands-parents responsables, pas question de décourager les initiatives spontanées. Mais quel pied d'avoir réussi à se débarrasser de tout le fatras qui prend tant de temps et d'énergie. Il ne leur manquait rien, et ils avaient opté pour un style de vie où il n'y avait plus de place pour le moindre ramasse-poussière, aussi ingénieux et bien intentionné soit-il.

La réponse qu'elle propose me semble lumineuse : faites-vous offrir des caramels faits maison, une boîte de petits gâteaux secs, ou le truc comestible que vous voudrez, pour peu que ça soit dans les cordes des gamins, et que ça ne mette pas trop à l'épreuve la patience des parents.

Ce genre de cadeaux, ça stimule leur créativité et leur générosité ; les grands-parents, eux, s'en pourlèchent longtemps les babines.

Leur durée de vie est raisonnable – le temps qu'il faut pour démolir une boîte de cookies faits maison –, mais le souvenir est vivace. « Tu te souviens comme on s'est régalés avec les oursons en pain d'épice de Delphine, le soir du coucher de soleil au Lavandou ? »

Rien qui prenne trop de place et, finalement, un truc de moins à jeter dans notre écosystème déjà passablement saturé.

Excellente introduction, qui plus est, pour suggérer à ses enfants et petits-enfants que l'heure est peut-être venue, tous autant que nous sommes, de mettre un frein à notre frénésie de dépenses et de consommation.

Faire un cadeau, ça ne veut pas obligatoirement dire se traîner dans un magasin pour ACHETER un truc dont l'autre a besoin, ou pas, et pour lequel il a de la place, ou pas. Une jolie carte amoureusement dessinée ou la tendresse d'un beau moment passé ensemble apporte tellement plus, qu'un gadget raflé au grand cirque de la consommation. Quel meilleur moyen d'enseigner aux générations futures qu'il en faut peu pour être heureux ?

Et quel meilleur héritage à laisser à nos enfants, qu'une nouvelle éthique de consommation ?

56
Moratoire sur le shopping

Dans la deuxième partie, j'ai expliqué comment gagner du temps en limitant les achats aux vivres et aux fournitures de base, pendant trente jours.

Cette pratique présente bien des avantages. D'une part elle permet de gagner du temps, de l'argent, et d'éviter de se laisser envahir, mais en plus, elle permet de changer en profondeur son comportement d'acheteur.

Une fois l'opération « Place nette » menée à son terme, on a fait le point, Gibbs et moi. Le bilan était globalement positif : on avait réduit notre foutoir à sa plus simple expression, on ne manquait de rien, et on était immunisé contre la fièvre acheteuse.

Mais chassez l'habitude, elle revient au galop. La liste des 30 jours ayant fait ses preuves (cf. chapitre 49), on a décidé de pousser la chose un cran plus loin. Comme ça, pour voir, on a décrété un moratoire sur le shopping. Pendant trois mois, on s'en tiendrait aux vivres et aux articles de première nécessité.

En cas de prurit, soit on coucherait l'objet de notre concupiscence sur la liste des 30 jours, soit on ferait appel à notre imagination, plutôt qu'à notre porte-monnaie (*cf.* chapitre 51).

Trois mois sans faire d'autres achats que les vivres et les articles de première nécessité ? La libération fut immense. Tellement immense qu'on a prorogé le moratoire trois mois de plus.

Loin de nous l'idée de vivre en ascètes. Pas question de se priver, et encore moins de se punir. L'idée, c'était de relever un défi, en se donnant une chance de casser la frénésie de consommation qui présidait à nos vies. Non seulement on a gagné du temps, de l'argent, et on a arrêté de se laisser envahir, mais notre comportement d'acheteurs a radicalement changé. On a tout simplement arrêté d'acheter n'importe quoi n'importe comment, voilà tout.

Quand on voit à quel point la frénésie de consommation mène le monde depuis une trentaine d'années, on prend conscience d'une chose : quelque part, on a pris la décision de travailler plus, pour pouvoir acheter plus. C'est bien simple : on a perdu en temps ce qu'on a gagné en foutoir.

Aujourd'hui, on est des millions à remettre en question ce commerce. Sur le plan du bénéfice, ça a été une bien piètre transaction. Pour nous-mêmes comme pour nos enfants ; et pour nos enfants comme pour notre environnement.

Je ne saurais trop vous le conseiller : essayez ce moratoire ! Même si ça ne doit durer que trente jours, ça va vous ouvrir les yeux en grand. Vous allez voir comme on a besoin de peu, finalement, et comme on se débrouille très bien sans tous ces trucs qu'on imagine indispensables.

Avoir réussi à s'arracher à l'escalade de la consommation à outrance, c'est l'une des leçons magistrales qu'on a prises, Gibbs et moi, depuis qu'on s'est simplifié la vie.

VII

Apprendre à Dire Non

57
Libre (avec un grand L)

Jules Renard a dit un jour que quelqu'un de vraiment libre, c'est quelqu'un qui est capable de décliner une invitation à dîner sans se justifier.

On a du mal à imaginer la chose, j'en conviens. Et en ce qui nous concerne, on peut oublier tout de suite ; on vit dans un monde où on est mieux considéré quand on est poli, que quand on est sincère ou honnête.

Terrible, la pression sociale ! Ne pas systématiquement dire oui aux invitations demande des efforts considérables. Quelque part, on se dit que l'autre va se sentir rejeté. D'un autre côté, on se dit que si on commence à dire non, c'est l'autre qui va finir par nous rejeter. On n'a pas forcément envie et, pourtant, une force obscure nous pousse.

La plupart du temps, ce qui nous motive de refuser une invitation, ce n'est pas tant le désir de la décliner, que le besoin ou l'envie de faire autre chose, comme par exemple passer un moment avec ses gosses ou passer la soirée en amoureux.

Mais pour un certain nombre d'entre nous, il semble plus facile de se farcir un dîner avec des gugusses auxquels on n'a pas grand-chose à dire, que d'assumer la culpabilité ou la gêne que ça occasionnerait, si seulement on avait osé dire non.

Et puis il y a tous les « Je devrais ». D'accord, il y a des choses qu'on se sent obligé de faire, à juste titre d'ailleurs, comme par exemple s'occuper d'un parent malade ou prêter une oreille compatissante à un ami qui a des problèmes. Mais combien de trucs se met-on sur le dos, alors que rien ne nous y oblige ? Une fois qu'on arrive à faire la différence, et à ce moment-là seulement, on peut dire qu'on a fait un grand pas en avant dans le processus.

Il y a bien quelques petits veinards pour qui ça n'a jamais posé l'ombre d'un problème. Mais pour beaucoup, décliner poliment une invitation ou s'extirper du marécage des obligations, c'est une épreuve insurmontable. Et c'est comme ça qu'on dilapide un temps précieux, quand on devrait le consacrer à faire des choses qu'on a vraiment envie de faire.

En décidant de vous simplifier la vie, c'est tout votre emploi du temps que vous avez décidé de revoir. Si savoir dire non vous pose un problème, retournez dare-dare à votre liste courte (*cf.* chapitre 21) et mettez-la-vous bien dans le crâne. Votre mission, si vous l'acceptez, est la suivante : arriver à comprendre que, quand vous déclinez une invitation, vous n'êtes pas en train de dire non à quelqu'un. Au contraire : vous êtes en train de dire oui aux choses qui vous tiennent vraiment à cœur.

58

C'est pas parce qu'on dit non qu'il faut se mettre à culpabiliser

À propos des dîners en ville et de la culpabilité qu'on a tendance à se mettre sur le dos dès lors qu'on est tenté de dire non, une femme dans l'assistance proposait la solution suivante, à une de mes conférences :

Ça faisait des années qu'elle avait un boulot dans le voyage, et elle commençait à en avoir marre ; d'une part elle était toujours entre deux avions, mais en plus, on la bombardait d'invitations qu'elle se sentait obligée d'accepter, de façon systématique.

Au début, elle adorait ça, les mondanités. C'étaient des occasions en or, non seulement pour étoffer son carnet d'adresses, mais aussi pour étoffer son carnet de commandes. D'année en année, qu'elle soit l'hôte ou l'invitée, les dîners d'affaires et les petites sauteries étaient devenus son quotidien.

Mais depuis deux ou trois ans, ça dépassait les bornes. Où s'arrêtait le *business* et où commençait sa vie privée, elle était maintenant bien incapable de le dire.

D'un coup, elle eut besoin de prendre l'air, et elle décida de tout arrêter pendant six mois. Plus d'invitations ; ni en temps qu'hôte ni en temps qu'invitée. Selon ses dires, le truc qui lui a le plus facilité la tâche (et chassé tout sentiment de culpabilité), c'est qu'elle s'est mise à dire non à tout. Systématiquement, et sans exception.

Ça lui a libéré des plages considérables de temps, et elle s'en est servie pour faire un point sur sa vie. Renoncer à tous ces pince-fesses, c'était l'occasion où jamais d'envisager de faire autre chose, en termes de carrière. Tout était allé si vite ; elle ne s'en était pas rendue compte.

Au bout de six mois, elle avait mis la clé sous le paillasson, elle était partie s'installer à l'autre bout du pays, et elle s'était trouvé un petit canard de voyages pour mettre son brin de plume au service de l'inspiration du moment.

Bon. Ce n'est pas parce qu'on met un frein aux mondanités qu'il faut se sentir obligé de changer de boulot ; mais qu'est-ce qui vous empêche d'adopter la tactique de cette brave dame ? Déclinez simplement toutes les invitations pendant un mois, deux mois, ou plus, et regardez le temps que ça libère. Soudain, vous allez y voir plus clair, et vous aurez envie de mettre un peu d'ordre dans votre vie.

Tenez bon la barre le temps qu'il faudra ; au bout d'un moment, les invitations vont non seulement cesser de pleuvoir, mais cesser tout court. C'est l'occasion ou jamais de trier dans le tas, et pourquoi pas de remettre les compteurs à zéro. Qui sait, la prochaine fois, vous aurez peut-être envie de vous y prendre autrement ?

59

Surmontez la culpabilité

Comme beaucoup de gens, j'ai toujours eu tendance à culpabiliser quand je disais non. Et je reconnais que ça m'arrive encore.

Ma copine Julie, en revanche, a une façon beaucoup plus terre-à-terre de répondre aux invitations. Grâce à sa philosophie, j'ai réussi à me libérer du sentiment de culpabilité que je me mettais sur le dos, à chaque fois que je disais non.

Sa théorie, c'est qu'une personne qui lance une invitation aurait certes plaisir à vous avoir, mais ce n'est pas parce vous allez refuser que la terre va s'arrêter de tourner. Quelqu'un d'autre acceptera, ou alors elle s'organisera autrement ; pas de malaise. Enfin... Pour donner le change, elle va peut-être faire comme si. Après tout, entre gens de bonne compagnie, ça se fait : vous ne voudriez tout de même pas qu'après avoir essuyé un refus, elle vous saute au cou, non ? Allons, allons !

Donc, jérémiades de rigueur (« Oh, c'est trop dommage... La prochaine fois, alors ?... Tu vas nous manquer, tu sais... », et j'en passe). La plupart du temps, c'est sincère. Mais pas dramatique. Si on a inventé ce genre de tirades, ce n'est pas pour mettre mal à l'aise celui ou celle qui décline l'invitation ; c'est plutôt pour qu'on puisse s'en tirer élégamment, d'un côté comme de l'autre.

Alors, l'infortunée passe à autre chose. On ne va pas en faire un fromage ! La vérité, c'est qu'elle a trop à faire (appeler les suivants, par exemple) pour vous en vouloir, sous prétexte que vous avez dit non. En général, le léger regret que l'hôte éconduit peut ressentir sur le coup n'a aucune commune mesure, en intensité, avec les abîmes de culpabilité dans lesquels vous avez le don de vous engluer.

D'ailleurs, quand c'est à vous qu'on dit non, est-ce que vous allez chercher une corde pour vous pendre ? Non. Vous passez à autre chose. Même si vous vous dites que c'est trop dommage, qu'il ou elle va vous manquer, que ça sera pour la prochaine fois, etc. En général, vous le pensez vraiment, d'ailleurs. Mais ça ne justifie nullement que, de l'autre côté, on se mette martel en tête.

Et puis, dites-vous bien que vous ne faites un cadeau à personne, quand vous vous pointez, mi-figue, mi-raisin, à un dîner ou à une sauterie. Vis-à-vis de l'hôte comme des invités, il serait beaucoup plus *fair-play* de rester chez vous. Laissez donc la place à quelqu'un qui apprécie.

60
Peur de passer à côté de quelque chose ?

L'autre jour, je discutais avec ma cousine Virginie du problème de savoir dire non. Son mari Stéphane et elle essayaient de comprendre. Ils avaient beau passer beaucoup trop de temps dehors, c'était plus fort qu'eux : ils ne pouvaient pas s'empêcher de dire oui à toutes les invitations, même si, au finish, ça leur prenait la tête plus qu'autre chose. Au bout du compte, ils en sont arrivés à la conclusion que, s'ils disaient systématiquement oui, c'était par « peur de passer à côté de quelque chose ».

Donc ils s'y traînaient, et à chaque fois c'était la même histoire. Ils passaient effectivement à côté d'une chose, et cette chose, c'était une bonne petite soirée, peinards, à la maison.

Je comprends d'autant mieux que, moi-même, je ressens souvent la même chose. Ça doit être un truc de famille, me disait-elle, parce que dans la famille, on ressent tous ça.

Mais à en croire le courrier que je reçois des quatre coins du pays et tous les gens à qui je parle, on est loin d'être les seuls. C'est culturel. Il se passe tellement de trucs qu'on ne voudrait surtout pas en rater un. Et donc, la plupart du temps, on se retrouve face à un dilemme : on a envie d'y aller, et en même temps, on n'a pas envie d'y aller.

Moi, ma religion est faite. J'en suis arrivée à un point où je sais qu'il faut être prêt à passer à côté de nouveaux trucs, pour avoir le temps d'apprécier les bons vieux classiques.

61
Vous êtes instamment priés de me lâcher la grappe

Il y a quelque temps, Gibbs, toujours prêt à défendre la veuve et l'orphelin comme chacun sait, a reçu un petit mot d'une organisation humanitaire au sein de laquelle il s'était jadis porté volontaire.

La missive était signée du P-DG qui, de sa plus belle plume, l'appelait à rejoindre leurs rangs dans les meilleurs délais ; depuis que Gibbs s'en était allé, écrivait-il, ce n'était plus tout à fait pareil.

Devenu entre-temps membre actif d'une nouvelle organisation de ce genre, Gibbs savait fort bien que ça lui était impossible. Mais à la lecture d'un mot aussi touchant, il a commencé à fondre et à se poser trente-six mille questions. Après tout, il devrait peut-être y retourner pour leur donner un coup de main…

Mais à force de tourner et de retourner dans tous les sens le petit mot qui l'enjoignait à réintégrer les rangs, il s'est rendu à l'évidence. C'était la routine, ni plus ni moins. Son nom venait de resurgir en haut d'un listing, voilà tout. Non pas qu'on se forçait à le rappeler, mais l'idée, c'était de réactiver des volontaires, pas de les culpabiliser.

On observe ce même type de comportement dans le cadre du travail ou des mondanités : derrière une invitation pressante, il y a souvent le besoin de combler un vide. Gardez-le bien présent à l'esprit la prochaine fois qu'on viendra vous passer la pommade (comme par hasard juste au moment où on a besoin de vos services, et en plus pour un truc d'un ennui féroce). C'est vrai ; sans vous, ça ne sera pas tout à fait pareil, mais bon. Ils s'en remettront. Et vous aussi.

Ah oui ! Dans le genre de traquenards où on a vite fait de se laisser embarquer, il y a aussi tout ce qu'on essaie de nous vendre sous l'appellation, contrôlée ou non, d'« événementiel ». Untel ou untel s'est défoncé pour organiser les festivités, alors faites un effort, quoi !

Moi, ce que j'en dis, c'est que si untel ou untel a fait des efforts pour organiser les festivités, c'est qu'untel ou untel devait avoir de bonnes raisons de le faire. Soyez sans crainte ; il y en a assez qui viendront faire le pied-de-grue. Pas besoin d'aller faire de la figuration, croyez-moi.

Et si c'est un bide et que personne ne vient, alors c'est que la sauterie du siècle n'était peut-être pas si événementielle que ça, finalement.

62

Apprendre à dire non

À moins de s'appeler Jules Renard, la façon dont on va réagir à une requête dépend finalement de la relation qu'on a avec la personne.

Avec les amis, mettez tout de suite cartes sur table. « Écoute, là, j'essaie de me simplifier la vie. Il faut que je me calme un peu. Je vais arrêter de sortir pendant quelque temps. Ne le prends pas mal, il faut juste que je recharge un peu les accus. »

Quand c'est une connaissance récente qui vous fait le coup du « On déjeune ? », qu'elle soit personnelle ou professionnelle, coupez court. Lâchez nonchalamment qu'en ce moment vous ne prenez aucun déjeuner et restez-en là. Pas besoin de rentrer dans des considérations à n'en plus finir.

Avec les preneurs de tête patentés (la belle-mère, la voisine de palier, ou les parasites qui n'ont rien d'autre à faire que de vous saouler et de vous faire perdre votre temps), mettez tout de suite les choses au clair. Soyez ferme. Et restez-le jusqu'à ce qu'ils comprennent. « Valérie, tu m'excuses ; j'attaque un gros boulot la semaine prochaine et j'en ai pour un bail. Oublie le café, tu veux ? Je t'appelle dès que j'ai un moment. »

Si Valérie vous pourchasse et se pointe quand même, enfoncez le clou. « Ma petite Valérie, je ne sais pas si je me suis bien fait comprendre, l'autre jour. Je bétonne mon emploi du temps, je t'ai dit. C'est moi qui t'appelle. »

Si c'est quelqu'un avec qui vous vous sentez obligé de prendre des gants, posez vos conditions, genre « J'ai un créneau vendredi de 13 h à 14 h, si tu veux. » Mais ne vous laissez pas embarquer. C'est sûr, il va falloir vous mettre votre légendaire civilité sur l'oreille. Faire plaisir à l'un ou l'autre, une fois en passant, d'accord ; mais faire plaisir à tout le monde, à longueur de journées, pas possible.

Aux requêtes genre humanitaire ou autres, quand vous n'êtes pas encore prêt, le mieux est encore une explication lapidaire. Pas besoin de s'appesantir : « Désolé, je ne vais pas avoir le temps, là. Je vous recontacte. »

Pour toute autre situation qui appellerait un non, faites marcher votre imagination. C'est votre vie, après tout, pas la mienne.

63
Apprendre à dire non à son boss

Savoir dire non quand il s'agit d'un pince-fesses ou d'un dîner en ville, c'est une chose. Mais savoir dire non au boulot, c'en est une autre. Dans son essai *L'Américain, ou le bourreau de travail,* la sociologue Juliet Schor, de l'Université de Harvard, rapporte la chose suivante : si, après avoir rapidement grimpé les échelons, tant de bons petits soldats acceptent de faire de plus en plus d'heures sans être payés en conséquence, c'est parce qu'ils sont incapables de dire non.

Au royaume béni du travail, nos honorables patrons sont arrivés à nous endormir. On a presque fini par les croire. Alors l'outrecuidance de dire non aux journées de plus en plus longues, ou à une charge de travail qu'on nous colle en plus sur le dos, c'est faire preuve d'incivisme, quelque part. Sans compter la peur larvée. On se dit la chose suivante : si je refuse telle ou telle corvée, aussi prise-de-tête soit elle, quelqu'un d'autre va de toute façon l'accepter et je vais me griller. Comme dirait l'autre : j'en connais qui se sont retrouvés à l'ANPE pour moins que ça.

Ah, dire non à son boss ! Bonjour l'embrouille. L'enjeu est de taille, vous me direz ; là, c'est le bifteck qui est en jeu. Si vous avez décidé de vous simplifier la vie, commencez donc par vous dégager (en termes de temps et d'énergie) dans d'autres domaines ; ça vous aidera à vous coltiner un job qui exige des journées pas possibles, enfin... à vous en croire.

Mais là encore, tôt ou tard, il va falloir apprendre à dire non. Selon le Pr Schor, de nombreuses études l'ont récemment démontré : ça commence à bouger en ce sens. Finie, la frénésie carriériste des années 80. Les gens commencent effectivement à dire non aux journées qui n'en finissent plus, pour se tourner vers des valeurs plus traditionnelles.

Juliet Schor précise toutefois que ce ne sont certes pas nos honorables patrons qui vont nous mâcher le boulot. Au contraire ; c'est à nous de faire valoir nos droits.

Si vous en avez marre de faire des journées de dix ou douze heures, réduisez déjà la cadence d'une demi-heure par jour, voire plus, pendant deux-trois mois. Ce n'est pas une petite demi-heure de rien du tout qui risque de mettre votre patron sur la paille. En plus de ça, vous allez peut-être vous apercevoir, comme moi, qu'on a un meilleur rendement quand on bosse moins. Au finish, vous serez plus productif. Donc, vous pourrez réduire encore plus.

Maintenant, l'idée, c'est d'utiliser à bon escient le temps gagné. Une fois que vous aurez récupéré (décompressez, reposez-vous, marchez un peu, dépensez-vous dans la nature, passez du temps avec votre petite famille, faites-vous un ciné de temps en temps), laissez parler l'artiste qui sommeille en vous. Vu le nombre d'années où vous l'avez muselé, vous allez vous amuser.

64

Alors, tu attends quoi pour nous l'écrire, ce Goncourt ?

Ou pour la peindre, cette Joconde ? Ou pour le sculpter, ce David ? Ou pour écrire ce scénar, ou pour plancher sur le truc créatif qui étouffe depuis des années, là au fond, en attendant qu'on veuille bien lui laisser la parole ?

On a tous en nous un truc créatif qui ne demande qu'à s'épanouir. On n'a peut-être jamais pris le temps de s'en préoccuper, ou alors on s'est mis dans la tête que c'est *too much* pour nos petits doigts musclés. Mais en définitive, c'est ça qui nous fait vibrer, et c'est ça qu'on devrait faire.

Demandez à n'importe quel artiste. Il n'y a que ça qui les rende heureux. Que ça qui les rende amoureux. Que ça qui les fasse vibrer. Et pourquoi ils y arrivent, eux ? Parce qu'ils ont entendu la petite voix. Et pourquoi ils ont entendu la petite voix ? Parce qu'ils ont pris le temps de l'écouter.

Georgia O'Keefe a dit un jour qu'il faut du temps pour voir une fleur. Il faut du temps, aussi, pour écrire un texte. Il faut du temps pour libérer sa créativité. Et ce temps doit être dégagé de toutes les servitudes qui ont fini par régenter nos vies, souvent parce qu'on n'a pas su dire non.

D'après mon expérience, on peut comparer le processus de création à une locomotive. Il faut une énergie et une détermination de tous les diables pour la faire s'ébranler, et quand on y arrive, on avance au pas pendant un bon moment. Si quelque chose se met en travers de la voie et stoppe la machine, il faut une énergie de tous les diables pour la relancer. Mais une fois sur les rails et lancée à toute vapeur, attention : pour l'arrêter, bonjour !

Tenez, moi par exemple, quand je me suis mise à écrire, je me suis rendue compte de ceci : aller déjeuner ou tomber les feuillets, il faut choisir. Une fois sur ma lancée, si je pars déjeuner, ça y est : la journée est foutue. Après des années dans l'immobilier, où le déjeuner d'affaires est définitivement incontournable, c'est toute une éducation qui était à refaire. Eh bien, j'ai dû me débarrasser de cette manie et me résoudre à dire non : aussi bien aux déjeuners qu'aux invitations en tout genre. C'est simple, pour pouvoir m'adonner à mon truc créatif, il a fallu que je me simplifie la vie au boulot.

Si en vous aussi, il y a un truc créatif que vous rêvez de libérer, je ne saurais trop insister : apprenez à dire non à toutes les servitudes possibles et imaginables. Au rayon mondanités, au rayon culture, et au rayon shopping. Pour lancer la machine, c'est la seule façon d'arriver à faire chauffer la vapeur.

VIII

Ces choses qui nous turlupinent

65

De l'urgence d'en revenir à une vie plus simple

Chère Madame St. James,

J'ai 14 ans, et je rentre cette année en troisième. Il y a environ deux ans, j'ai commencé à ressentir un grand vide. Au début, j'ai pris ça pour de la solitude. Ça me mettait dans un tel état que je n'avais plus qu'une chose à faire : me mettre au lit et pleurer. Et pourtant, tout ça n'a pas de sens. J'ai des parents qui m'adorent. Un frère avec qui je m'entends bien. Un chien. Et des amis en qui j'ai toute confiance, et avec lesquels je peux parler. Il y a environ un an, mes parents m'ont envoyée chez un psy. J'y suis allée quatre ou cinq fois, mais rien n'y faisait. Il y a quelques mois, j'ai décidé que ça ne menait à rien. Déprimer à longueur de journées, et après ? Je me suis arrachée à ma désespérance. D'ailleurs, je continue à me battre. Quand je sens que je replonge, je me tiens des discours de motivation à moi-même. Quand je sens la colère qui monte, je grimpe tout en haut d'un arbre, au fond du jardin. De jour en jour, je sens que je progresse.

Je viens de finir votre livre *Simple en dedans,* il y a dix minutes à peine. Une chose est claire, maintenant : ce n'est pas parce que je n'ai personne que je suis seule. Je suis seule avec moi-même. Toute ma vie, je me suis efforcée d'être bonne à l'école, d'être bonne avec les autres, et de courir après un idéal qui n'était pas le mien. J'ai compris maintenant que l'important, c'est de moins me soucier de ce que peuvent penser les autres, et de faire ce qui me plaît. La force, c'est en moi que je dois la puiser. C'est à moi d'apprendre à me connaître. Merci de m'avoir aidée à en prendre conscience. Je vais mettre en pratique tout ce dont vous parlez dans votre livre, et lire tous ceux que vous recommandez.

Salutations sincères,

Erin Webreck — Somerset (Pennsylvannie)

« Seule avec moi-même. »

Sacrée Erin. Elle a tout compris, et elle parle pour nous tous. À force de s'escrimer à jouer la femme idéale, le mari idéal, la mère idéale, le père idéal, le fils idéal, la fille idéale, l'employé modèle, le boss exemplaire, et tous les autres rôles dans lesquels les autres voudraient nous cantonner, on finit par oublier qui on est nous-mêmes.

Commencez à vous simplifier la vie, et vous allez voir : vous aurez du temps pour vous retrouver face à vous-même, tenir votre journal, ou, si vous en ressentez le besoin, vous faire aider ; vous allez apprendre à balayer tout ce qui se met en travers de votre chemin et qui vous asservit, apprendre à pardonner, et apprendre la reconnaissance du ventre ; vous allez chercher ce qui vous fait vraiment vibrer, et trouver un rythme de vie qui vous permettra de profiter pleinement de chacune de vos journées.

Retournez à la deuxième partie, et réexaminez ce que vous pourriez changer, qui vous permette de dégager du temps afin de songer à vous simplifier la vie (*cf.* chapitres 13, 14, 15 et 16).

L'autre bienfait de ce temps nouvellement dégagé n'est pas des moindres : grâce à cela, vous allez vous remettre en phase avec vous-même.

66
De la soi-disant « vie de dingue » qu'on nous fait mener

J'ai compris une chose. Si on fait en sorte de vivre des vies éternellement compliquées, c'est parce que ça nous évite de nous poser les questions essentielles. Je ne dis pas que c'est le cas pour tout le monde. Mais pour beaucoup, ça explique la surenchère. L'idée de se retrouver face à soi-même peut faire froid dans le dos.

Tant qu'on arrive à se convaincre qu'on est débordé, que son job est vital et donc, qu'il n'est pas question de freiner, on peut continuer à se voiler la face, sans se poser des questions trop personnelles : une relation qui part en eau-de-boudin, une carrière peu reluisante, des enfants qui se détachent de nous, des amis qu'on délaisse, des engagements qui nous clouent au sol, un jardin secret qu'on n'a jamais pris la peine de cultiver, des peurs enfouies au plus profond de nous-mêmes, ou des traumatismes d'enfant qui nous ont toujours empêchés de vivre des vies pleinement épanouies.

Quand vous allez commencer à freiner, à réduire un tout petit peu vos journées de boulot et à vous libérer de certaines de vos « obligations », vous allez vous retrouver avec du temps sur les bras.

Pour commencer, vous aurez peut-être envie de régénérer votre corps en rattrapant le sommeil qui vous manque, en arrêtant de manger n'importe quoi n'importe comment, en reprenant du tonus, en recommençant à faire un peu d'exercice régulièrement pour vous requinquer, en passant du temps dans la nature, et en réapprenant à rire et à vous amuser.

Et puis un jour, vous serez mûr. Mûr pour vous pencher sur les questions essentielles. Avec le petit viatique de temps que vous aurez devant vous, vous allez voir : finalement, ce n'est pas si titanesque ! C'est juste l'idée qu'on s'en fait.

Puisez en vous la force et regardez ces questions droit dans les yeux ; ça va vous donner du cœur à l'ouvrage.

Il se passe un truc extraordinaire, quand on calme le jeu. On a des éclairs d'inspiration. On accède à un état supérieur de conscience, et même à une certaine forme de sagesse. Dans les moments de paix, on peut soudain avoir un accès de lucidité qui va inverser les perspectives de notre vie, et de celles et ceux qui nous entourent, d'une façon incroyablement positive. Et ces perspectives peuvent être celles de notre vie toute entière.

Vivre plus simplement permet de les créer, ces moments de paix. Et de ces moments de paix naissent des miracles. Alors, ouvrez-leur la porte.

67

Et toi, c'est quoi le job de ta vie ?

Trouver enfin ma voie, dans une carrière qui me satisfait pleinement : voilà un des immenses bienfaits que m'a apporté le fait de me simplifier la vie. J'aimerais pouvoir dire que ça a été facile. Mais non. C'est même l'une des épreuves les plus difficiles auxquelles j'ai pu être confrontée. Mais ceux qui ont la chance de savoir ce que c'est en témoigneront : faire quelque chose qu'on aime vraiment, ça vaut toutes les richesses. Et pour rien au monde on n'échangerait.

J'ai passé une bonne partie de ma vie sans avoir la moindre idée de ce que je voulais faire vraiment. J'ai essayé pas mal de trucs, lu pas mal de livres, et écouté les conseils d'un certain nombre de spécialistes. Mais pour mon orientation professionnelle, le seul conseil qui ait pu me guider un tant soit peu a été le suivant : arrêtez-vous le temps qu'il faudra, et tant que vous n'aurez pas défini clairement ce sur quoi vous voulez embrayer, ne bougez pas.

Le truc le plus dur, je crois, ça a été d'en arriver à la conclusion que, oui, on peut en dégager, du temps. Comme chacun sait, quand on est pris dans l'engrenage, rien ne semble plus illusoire. Mais quand on prend la peine de calmer un peu le jeu, on commence à entrevoir des possibilités qu'on ne peut tout simplement pas voir tant qu'on mène une vie de dingue.

L'autre gros morceau, ça a été l'aspect purement matériel. J'ai déjà cité le livre de Joe Dominguez et Vicki Robin, *La Bourse ou la vie*. Leur approche de l'indépendance financière m'a totalement fait changer de point de vue, quant au temps et à l'énergie qu'on peut investir pour gagner l'argent qu'on dépense. Et dites-vous bien que, plus on vit simplement, moins on dépense d'argent. La différence est considérable.

Si vous êtes prêt à vous mobiliser pour trouver le job de votre vie, je vous en conjure, reportez-vous à la fin de ce livre et plongez-vous dans l'un ou l'autre des livres traitant du problème des pépettes, dans ma liste de livres simplement pratiques. On y trouve un nombre de tuyaux considérable pour réduire ses dépenses ou redistribuer son budget, de manière à pouvoir envisager d'embrayer sur une nouvelle carrière.

Allez, un petit effort. Faites-vous violence. Vous allez voir : se dire qu'on ne peut pas espérer une carrière plus épanouissante, c'est juste une excuse. Une vilaine excuse. Plus hypocrite, tu meurs. La réalité, c'est qu'en termes de qualité de vie, on ne peut pas se permettre de ne pas le faire.

Moi, une fois que j'en ai eu marre de me raconter des histoires, je me suis jurée de ne rien entreprendre avant de trouver un truc qui m'éclate vraiment. Sur cette bonne parole, j'ai pris ma plume et je me suis mise à écrire ; comme ça, et parce que c'est ça que j'avais envie de faire. Ça m'a ouvert des perspectives de carrière que jamais je n'aurais pu envisager, si je ne m'étais pas fait cette promesse, ou si je ne m'y étais pas tenue.

Gibbs et moi, il a fallu qu'on se réorganise complètement, pour que j'arrive à m'arrêter ; mais ça ne veut pas dire que c'est pareil pour tout le monde. Moi, je comprends vite, mais il faut m'expliquer longtemps. Il a fallu que je baisse sérieusement la cadence pour arriver à me poser les vraies questions. Et il a fallu que je la baisse encore plus pour accepter d'entendre les réponses.

Ne tombez pas dans le piège. Ce n'est pas vrai : sous prétexte qu'à ce stade vous ne faites pas le job de votre vie, ne croyez pas qu'il soit trop tard pour réagir. Au contraire, j'ai réalisé que tout ce que j'avais pu faire jusqu'alors n'avait fait que me préparer à faire ce que je fais aujourd'hui. Et j'en suis convaincue, ce que je fais aujourd'hui me prépare à ce que je ferais plus tard. Peu importe quoi ou comment.

Avec la formidable évolution du marché du travail, avec les fulgurants progrès technologiques qu'on connaît, et tous les dégraissages que ça engendre, le moment n'a sans doute jamais été mieux choisi. Décidez à quoi doit ressembler le job de votre vie ; ne serait-ce que pour préparer l'avenir.

Croyez-en mon expérience. Si le travail que vous faites ne vous satisfait pas pleinement, la meilleure contribution que vous puissiez faire au monde et à votre propre épanouissement personnel, c'est de PRENDRE LE TEMPS QU'IL FAUT POUR DÉCIDER DE CE QUE VOUS VOULEZ VRAIMENT FAIRE. Et faites-le.

68
Apprendre à donner en retour

Depuis une dizaine d'années, dans tous les États-Unis, les organisations humanitaires font état d'une baisse sensible du nombre des volontaires pour les actions de charité en tout genre. Il faut croire que nos journées de travail de dix-douze heures nous laissent de moins en moins de temps pour ce genre d'initiatives.

Mais sitôt que la « vie simple » et la réduction du temps de travail seront ancrés dans notre culture, le nombre des volontaires prêts à donner en retour aux autres remontera. Nombre de mes lecteurs me rapportent que l'un des grands bienfaits dont ils profitent, depuis qu'ils se sont simplifiés la vie, c'est de pouvoir se consacrer aux autres, sous forme de volontariat, grâce aux plages de temps qu'ils ont réussi à dégager.

Voilà ce que l'un deux m'écrit : « Mon point de vue, c'est que se simplifier la vie pour sortir de l'engrenage ne résout qu'à moitié le problème de l'accomplissement personnel, qui en taraude plus d'un. Ce n'est qu'en prenant conscience que les besoins des autres sont aussi les nôtres, qu'on arrive à faire le reste du chemin. »

Au début, quand vous allez commencer à vous simplifier la vie, vous consacrer aux autres sous forme d'engagements bénévoles ne figurera peut-être pas dans les priorités de votre liste courte. D'ailleurs, si le rythme de vie frénétique qui a été le vôtre ces dernières années vous a laissé sur le carreau, à moitié mort, ce n'est peut-être pas la meilleure idée. Charité bien ordonnée commence par soi-même : la meilleure des choses à faire, c'est peut-être de commencer à mettre de l'ordre chez vous, et à consacrer du temps à vos enfants, à votre cher(chère) et tendre et à votre famille, en définitive. Pour ce qui est de sauver le monde, vous verrez plus tard.

Mais l'heure viendra où vous serez prêt à donner en retour aux autres. Donner aux autres est une excellente façon d'apprendre à se connaître soi-même, et de donner du peps, de la valeur et, finalement, un sens à sa propre vie. L'éminent Arnold Toynbee, historien comme chacun le sait, a dit que le futur de l'humanité repose sur la capacité de chacun à se retirer en lui-même pour explorer ses tréfonds, puis à revenir vers ses pairs pour les servir.

Et puis, vous vous souvenez (*cf.* chapitre 67) ? Le meilleur des services à vous rendre, et la meilleure des contributions à offrir aux autres, c'est de faire ce que vous aimez faire.

IX

Expédier les affaires courantes

69

Nouvelle approche des corvées domestiques

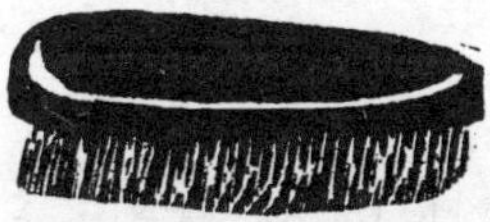

Plusieurs lectrices de *Simplifiez-vous la vie* m'ont écrit pour me dire qu'elles avaient réussi à abolir la punition hebdomadaire des corvées domestiques, en les ventilant tout au long de la semaine, découpées en tranches plus courtes et moins contraignantes.

Je laisse la parole à Margo Bogart, de Dearborn, dans le Michigan :

« Moi, j'ai rationalisé mes corvées ménagères en me fixant un objectif pour chaque jour de la semaine. Ça a l'air un peu neuneu comme ça, mais le fait est que ça m'évite de me casser la tête, pour me souvenir de quand je me suis tapée telle ou telle corvée pour la dernière fois. À chacun d'adapter cette technique en fonction de ses propres besoins, et de la moduler à sa guise, par exemple en inversant le jour d'une corvée ou d'une autre.

Lundi : vider les poubelles et les descendre.

Faire tourner la machine.

Mardi : travailler sur l'ordinateur.

Faire l'étage et le sous-sol.

Mercredi : activités bénévoles. Faire les courses en revenant.

Jeudi : faire la salle de bain.

Vendredi : passer l'aspirateur et briquer les sols.

Organiser un beau petit week-end peinard, tous ensemble.

Samedi : Passer le plus de temps possible tous ensemble. Si mon mari ramène du boulot à la maison, j'en profite pour régler les factures, écrire un peu de courrier, faire la poussière, un peu de repassage, repriser les chaussettes trouées, arroser les plantes, etc., jusqu'à ce qu'on puisse se retrouver tous ensemble.

Dimanche : jardiner un chouïa ensemble, bricoler ou faire des petites réparations ensemble. Passer des coups de fils à nos amis ensemble. Décompresser ensemble et lire un bon livre.

« Ça, c'est le système qui me convient. Je n'ai peut-être pas la maison la plus impec de Dearborn, mais ce qui est sûr, c'est que c'est nous le couple le plus heureux ! L'avantage d'un programme aussi ficelé pour chaque jour de la semaine, c'est que je ne perds plus mon temps à me demander par quelle corvée je vais enchaîner.

« En plus, je suis réglée comme du papier à musique, maintenant. Fini de culpabiliser quand les piles s'accumulent. Une fois les corvées du jour expédiées, je suis prête à donner de ma personne pour tout ce qui pourrait se présenter à l'improviste (une invitation au resto, par exemple !). J'ai ma semaine bien en main. Pas besoin de me stresser avec les interminables listes de “choses à faire”. »

Margo le dit elle-même : à chacun d'adapter ce plan à ses propres besoins.

Une autre lectrice m'explique qu'elle expédie une corvée chaque matin, juste avant de partir au boulot. Ça lui évite de la faire le soir, en rentrant, quand on a envie de tout sauf de ça. Et, précise-t-elle, finies les corvées qui vous pourrissent les trois quarts du week-end ! Toute la semaine, on n'a plus qu'à se réjouir à l'avance du beau samedi en perspective. À faire ce qu'on a VRAIMENT envie de faire.

70

Un menu tout simple pour chaque jour de la semaine

Bien que Gibbs et moi, on adore manger, ni l'un ni l'autre nous n'avons envie de passer nos journées en cuisine. Alors il y a des années, on a trouvé la solution à la sempiternelle question : « Qu'est-ce qu'on va manger, ce soir ? »

On ne s'était pas aperçu à quel point ça peut simplifier la vie, jusqu'au jour où des lecteurs se sont mis à m'écrire, pour me donner le plan suivant. Oui, je sais. On est au pays de Rabelais et de Bocuse. Je sais aussi que certains grands chefs (sauf Senderens, et c'est tout à son honneur) nous font des grossesses nerveuses sous prétexte que, par les temps qui courent, la grande cuisine française serait menacée de « mondialisation » ! Mille pardons. Je vais être odieuse. Sans compter que c'est une violation caractérisée du précepte « On débranche le pilote automatique » (*cf.* chapitre 30). Mais bon, je me lance. Voilà, Gibbs et moi on a pris l'habitude de manger à peu près la même chose chaque soir de la semaine, d'une semaine sur l'autre.

Le lundi, par exemple, c'est poulet grillé/petits légumes vapeur.

Le mardi, on se tape un petit resto sympa du quartier.

Le mercredi, c'est soit salade grecque, soit salade niçoise sur petit pain frais « façon Gibbs ».

Le jeudi, l'été, c'est crabe frais ou gaspacho de thon avec petit pain frais, et l'hiver, soupe de légumes bien chaude. Parfois, on craque et on se refait poulet grillé/petits légumes vapeur.

Le vendredi, Gibbs nous fait ses œufs brouillés sur toast de pain complet, accompagnés de leur farandole de petites saucisses grillées (!) et d'une bonne orange pressée.

Le week-end, on la joue plutôt « light ». Le samedi (simple !), c'est tortillas de blé au guacamole maison.

Le dimanche, c'est maïs grillé et pommes sur assortiment de fromages. Ça laisse de la place pour la gâterie du week-end : une tourte aux fruits frais ou des fruits rouges à la crème.

On s'en tient à ce menu. Quand on en a marre, on en gamberge un nouveau (ben oui quoi, quand même !). Comme le souligne cette lectrice avisée, le menu hebdomadaire, ça a le mérite de simplifier non seulement le planning des menus pour toute la semaine, mais aussi la liste des courses, les courses au marché, les courses à l'hypermarché, l'approvisionnement en fournitures diverses et variées, la cuisine, et même la vaisselle. Un truc de moins par jour qui vous prend la tête, en fin de compte.

Une autre lectrice me rapporte une variation sur ce thème, à laquelle Ethel Kennedy aurait fait allégeance des années durant : un planning de menus à base de rôtis tout simples et de viandes grillées, d'omelettes, et de salades, avec une rotation non pas hebdomadaire, mais bihebdomadaire.

Ne m'en voulez pas. Je comprends très bien que pour les fins gourmets que vous êtes et avec les p'tits plats à damner un saint qu'on vous sert de Mougins à Bruges, l'idée puisse paraître véritablement monstrueuse. C'est clair :

si vous prenez plaisir à faire la cuisine et que vous entendez bien garder vos étoiles, vous avez largement mieux à faire pour vous simplifier la vie.

Mais Gibbs et moi, notre plaisir, c'est de savoir le matin ce qu'on va manger le soir. Et comme on ne mange que ce qu'on aime vraiment, on passe nos journées à s'en réjouir.

Encore pardon.

71
Autres suggestions de menus tout simples

Encore une idée qu'un grand nombre de lectrices recommandent, et que personnellement je pratique depuis des années : faire une sauce pour les pâtes, des lasagnes, une bonne vieille soupe ou une cocotte entière de ce que vous voudrez, congeler ça en portions individuelles pour ne pas que ça s'abîme, et servir chaque soir pendant toute la semaine, en se contentant d'accommoder de salades et de pains différents.

L'autre jour, je suis tombée sur un autre bouquin qui pourrait vous intéresser : *Once a Month Cooking,* par Mimi Wilson et Mary Beth Lagerboard. Si l'idée de préparer à l'avance et de mettre tout ça au congélo ne vous dérange pas outre mesure, jetez-y un œil. C'est très bien, ce guide ; l'idée, c'est de préparer à l'avance un mois d'entrées, étape par étape, et de congeler le tout.

En fonction de la taille de votre famille, ce programme peut nécessiter de se fendre de quelques vastes cocottes supplémentaires, d'un ou deux bacs de congélation de plus, et de s'organiser au plus serré. Comptez une bonne journée chaque mois pour établir le planning des menus, faire les courses, et vous mettre à vos fourneaux. Si vous êtes prêt à la sacrifier chaque mois, je ne vous raconte pas les économies que vous allez faire, et à quel point ça va vous simplifier la vie.

Une autre option possible au rayon surgelés, ce sont les dîners surgelés, équilibrés et diététiques, disponibles actuellement sur le marché. Attention, je ne parle pas des plateaux repas de sous-préfecture. C'est un de nos amis qui nous en avait parlé, il y a de ça un moment, et très sincèrement, je vous avouerais que c'est un délice. Cherchez bien, il y en a pour tous les goûts, tous très équilibrés en calories, protides, lipides et glucides.

Gibbs et moi, on en a toujours un ou deux sous la main, pour les soirs où on n'a pas envie de sortir et où on veut faire simple. C'est vrai que c'est plus cher que la méthode de Mimi Wilson et Mary Beth où là, on fait avec ce qu'on a, on met au congélo, et roulez jeunesse. Mais ça dépanne bien. Pour peu qu'on accommode ça avec une petite salade du jardin, voilà encore une solution tout ce qu'il y a de plus simple.

Et quand on sait que dans certains pays, notamment aux États-Unis, la principale cause des kilos en trop est une alimentation disproportionnée, on s'aperçoit qu'un petit menu surgelé de ce genre, une fois de temps en temps, ça ne mange pas de pain... D'ailleurs, regardez la taille des portions : quand on voit le peu dont on a besoin pour garder la forme et rester en bonne santé, ça laisse rêveur.

72

Garder son poids, tout simplement

Je ne dis pas qu'on doive tous être maigres comme des clous. Mais le fait est que, pour moi, la vie est plus simple quand j'arrive à boucler le dernier bouton de mon 501 sans avoir à me tortiller par terre. Tout de suite, quand je considère que mon poids est acceptable, je me sens mieux, et je me trouve plus belle. Et surtout, ça m'évite d'avoir une penderie en double : celle pour la maigre et celle pour la grosse !

Ça fait des années que Gibbs et moi, on fait la guerre aux kilos en trop. Il y a deux-trois ans, on a trouvé une méthode qui s'est révélée imparable, pour garder un poids stable. L'idée, c'est de tenir à jour une courbe qu'on actualise tous les matins.

On a scotché une feuille de papier millimétré toute bête au-dessus du pèse-personne, dans la salle de bain, et on garde toujours un feutre rouge à portée de la main.

Incroyable, quand on évalue les dégâts au jour le jour, la facilité avec laquelle on arrive à ratiboiser les excès du bon dîner de la veille ou les grignotages sournois du jour d'avant. 500 grammes de trop, ce matin ? Pas de tracas : il suffit d'ajuster en conséquence la nourriture du jour. En 24 h (48 à tout casser), on a redressé la barre.

Ajuster son alimentation en fonction des soubresauts d'une petite ligne rouge, pour se maintenir à un poids stable ? Eh oui. Peu à peu, ça devient une technique automatique, voire inconsciente. Je dirais même indolore.

D'ailleurs, si on a le malheur de relâcher la pression (si par exemple on manque à son devoir de renouveler la feuille de papier millimétré en début de mois, ou que le petit feutre rouge disparaît malencontreusement), on se reprend deux kilos comme de rien. Facile, de se raconter que le « Caramel Cone Explosion » de chez Haägen-Dasz, c'était pour faire glisser. Ou que les poignées de M&M's qu'on s'est bâfrées au vernissage de la veille comptent pour des prunes, sous prétexte qu'on était en position verticale quand on les a absorbées. Pas vrai, poulette ? Mais le papier millimétré, lui, tu peux bien lui raconter ce que tu veux...

C'est bien gentil de monter sur la balance chaque matin. Mais je vous le confirme : si tout ça n'est pas dûment consigné sur papier millimétré, on a vite fait d'oublier le poids qu'on faisait la veille. A fortiori l'avant-veille. Et quand on voit la belle courbe rouge fluo grimper inexorablement, on la ramène déjà moins.

Gibbs et moi, maintenant, on a tellement de feuilles de papier millimétré d'avance (on fait des photocopies) qu'on a de quoi tenir un siège. En plus, on a enchaîné le feutre rouge dans un tiroir à proximité ; ça s'égare si vite, ces petites choses. Se maintenir à un poids idéal avec juste un feutre rouge... Simple, non ?

73

Allô, oui ? Ah ! Rappelez-moi dans cent ans (Biip… Biip…)

(comment se débarrasser des casse-pieds professionnels)

Margo Bogart, décidément remontée, propose également deux-trois idées pour couper court aux appels intempestifs et décourager les démarcheurs à domicile.

Voilà ce que ça donne :

« Règle n°1 : se mettre sur Liste Rouge. Pouvoir dîner tranquille, ça vaut bien 15,26 F TTC par mois. Les gens à qui on a envie de parler ont notre numéro, de toute façon. Quant aux autres, les démarcheurs par téléphone et les quémandeurs en tout genre, du balai ! »

Maintenant, je ne sais pas si vous avez ça en France, mais voici une trouvaille qui simplifie grandement la vie, quand on habite aux États-Unis :

« Pour échapper au problème de l'identification de l'appelant et éviter de se retrouver fiché sur les listings informatiques des sociétés qu'on a le malheur d'appeler, on compose *67 avant de faire le numéro lui-même. Ça court-circuite le système, mais seulement pour l'appel en question. D'où la nécessité de composer *67 avant chaque numéro. Sauf si vous avez envie d'être démarché au téléphone jusqu'à la fin de vos jours. Moi, j'ai collé un Post-It sur le combiné pour ne plus me faire avoir. »

Évidemment, le code de blocage varie selon la zone dont vous dépendez.

(En France, on a essayé, le *67 ne fonctionne pas, mais il est vrai aussi que les entreprises, sauf accord exprès de votre part, n'ont pas le droit de mémoriser votre numéro de téléphone. En cas de problème, portez donc plainte au CNIL).

À vous Margo :

« Pour les petits malins qui arrivent à forcer le premier barrage (*cf.* règle n°1), j'ai une parade redoutable. Ça les fait taire assez rapidement, je dois dire. Il y a des années, mon mari et moi avons conclu un accord pour nous simplifier la vie : aucun achat, aucune contribution à quelque cause que ce soit, à partir d'une approche par téléphone (ou d'un démarchage à domicile). Autant qu'ils économisent leur salive ; avec nous, ça ne prend pas. Méthode radicale, donc. Je me contente de leur répondre : "Désolée, nous n'acceptons aucune offre par téléphone" ou "Non, vraiment, nous ne donnons jamais à partir d'une sollicitation par téléphone. À aucune organisation ni à personne." Quant à mon mari, c'est encore plus simple : "NON-MER-CI." (Biip...Biip.)

« À propos de votre suggestion de ne même plus répondre quand ça sonne à la porte, nous nous sommes épargnés d'innombrables palabres grâce à un truc tout simple. Adieu, M. le représentant des Ets Casseburnes, les marabouts à la petite semaine, les soldeurs en trousseaux et les marchands de tapis. On a barré la porte d'un grand panneau artistement calligraphié, qui dit ceci : "Colportage et mendicité strictement interdits. Pas de business ici." Le vendeur a beau être un baratineur de première, ça le calme tout de suite. En général, en voyant le panneau, il prend ses cliques et ses claques sans même se donner la peine de sonner. »

Apprendre à dire non (*cf.* chapitre 62), c'est déjà apprendre à éviter le genre de situations qui vous accule à repousser les casse-pieds. Si vous êtes confrontés à ce problème, que ce soit dans votre quartier ou dans la vie en général, préparez-vous à l'avance. Ça aide, je vous le garantis. Finalement, sur un terrain de foot comme dans la vie, la meilleure des défenses, c'est encore l'attaque.

74

Le répondeur tout simple

On sait tous filtrer les appels en se cachant derrière son répondeur. Et il y a longtemps qu'on a appris à débrancher le téléphone, quand on est sur un boulot délicat et qu'on ne veut pas être dérangé. Ou qu'on a envie de passer un moment tranquille avec les gosses.

Mais j'ai une technique, pas mal non plus, pour jouir pleinement des possibilités qu'offre cet engin précieux. Ma camarade de boulot et moi, on communique *via* nos répondeurs.

Monica et moi savons l'une comme l'autre que, quand on se met à bavasser au téléphone, ça peut durer des heures. Quand on a le temps, très bien. Mais on mène de telles vies qu'il y en a toujours une sur les deux qui est en bouclage : quand ce n'est pas moi, c'est elle. Alors il y a quelques années, on est convenu de la chose suivante : si j'ai des infos à lui passer, je lui laisse un message sur son répondeur, et inversement.

Qu'on soit à la maison ou pas à ce moment-là, qu'on entende le message ou pas, ça ne change rien à l'affaire. On préfère que l'autre ne décroche pas. Celle qui appelle se contente de dire : « Si tu es là, pas la peine de décrocher ; je voulais juste te dire ci et ça. »

Si, à l'autre bout, le besoin se fait sentir de répondre au message, on recommence la manœuvre, mais en sens inverse, et on laisse l'info qu'on a à laisser sur le répondeur de l'autre.

J'applique depuis cette technique avec les gens à qui je n'ai pas besoin de parler en direct, mais avec qui je dois rester en contact. Voyez ça comme un *E-mail* audio.

Évidemment, ça ne marche pas avec tout le monde. Mais vous n'avez pas idée du temps monstrueux qu'on peut perdre au téléphone. Quand on sait s'en servir intelligemment, bonjour le temps précieux qu'on gagne.

Sinon, il y a une alternative pour canaliser le flot des appels. C'est de faire savoir quand on peut vous joindre.

Si vous avez envie de dîner sans être dérangé, dites à tous les membres de la famille de donner des instructions en ce sens, à leurs amis et camarades de bureau. Qu'ils appellent avant 19 h ou alors à partir de 21 h (enfin, aux heures qui sont les vôtres, mais en dehors de la plage que vous aurez fixée pour le dîner). Le reste du temps, c'est bien simple, vous êtes aux abonnés absents.

L'autre option, c'est de convenir d'un rendez-vous téléphonique. Fixez-en à l'avance la date et l'heure, au besoin par répondeur interposé.

Mais le grand avantage de laisser son répondeur branché pour intercepter les appels, ce sont les démarcheurs par téléphone. Ça les stoppe net, ils raccrochent direct. Sans même attendre le signal sonore.

75
La cheminée toute simple

Si vous êtes un puriste des petites soirées au coin du feu, sautez ce chapitre. Et passez votre chemin.

Mais si, pour vous, faire du feu dans la cheminée n'est qu'une corvée de plus, et que vous avez accès au gaz naturel, vous devriez peut-être songer à installer une cheminée à gaz dans l'âtre qui existe.

Gibbs et moi sommes férus de ces tendres soirées passées lovés au coin du feu. Mais à part une ou deux exceptions mémorables, on est resté des années sans faire une seule flambée. Rien qu'à cause de ceci :

Vous avez une forêt personnelle à débiter ? Moi pas. Alors pour commencer, il y a le coût de la livraison à domicile des stères de bois, avec les ennuis que ça engendre. Après, il faut stocker. Alors, pas trop près pour éviter d'avoir des termites plein la maison, mais pas trop loin non plus, sinon il faut se coltiner les bûches à chaque flambée. Et c'est pas de tout repos, croyez-moi.

Après, il faut de toute façon se les coltiner (si possible sans ramener des nuées d'araignées ou d'insectes en tout genre) et préparer le feu. Vous serez gentil de bien vouloir ramasser les brindilles et les écorces que vous avez semées partout, merci. Là, il faut lancer le feu et le surveiller de près. Évitez d'enfumer le salon dans votre élan, tant qu'à faire. Ah oui ! J'oubliais. Avant d'aller vous coucher, n'oubliez pas de bien caler le pare-feu. Avec les braises incandescentes qui crépitent, on a vite fait de se retrouver avec une vieille passoire brûlée en guise de tapis.

Sans compter qu'il y a un moment où il faut bien vider les cendres. D'autre part, selon la quantité de bois que vous faites flamber, vous avez intérêt à faire ramoner une fois par an. Minimum.

Et qui c'est qui coupe le bois ? Vous ? Avec une

cheminée à gaz, voilà encore une corvée que vous pouvez rayer de la liste. *Idem* pour les incessantes commandes de bois tout au long de l'hiver.

Il est vrai que Gibbs et moi vivons sous des latitudes clémentes. Je reconnais qui si on avait élu domicile en Haute-Saône, ce serait différent ; mais le fait est que notre seule source de chaleur tout au long de la saison froide est notre cheminée à gaz. Pour la maison toute entière, d'ailleurs. Avec les avancées technologiques des cheminées à gaz en céramique, il faut admettre que ça devient de plus en plus réaliste et ravissant, mais surtout, d'une efficacité redoutable. Nous, on allume l'engin en début de soirée, on laisse tourner environ une heure, et hop ! on coupe. Ça emmagasine tellement la chaleur, ces petites choses, que ça continue à chauffer pendant au moins une heure. Presque deux. Et puis, pendant les mois d'hiver, on garde toujours une petite laine et des couvertures à portée de la main.

Une cheminée à gaz, ça revient tellement moins cher qu'une cheminée classique. À peu près quatre fois moins. Trois fois, si vous habitez un endroit où le climat est rude. Et c'est surtout beaucoup plus propre que le bois. Sans parler du respect de l'environnement.

Ah ! Vous allez me dire : et les merveilleux petits crépitements ? Et la délicieuse petite odeur qui emplit la maison quand on fait une bonne flambée ? Je sais, je sais. Mais bon, pour Gibbs et moi, le charme romantique du bon vieux feu de bois est intact. Quant à la douce chaleur, c'est rigoureusement la même. Et puis, hein, quand on est tendrement blottis l'un contre l'autre, on n'a pas forcément envie de se lever toutes les cinq minutes pour aller remettre des bûches.

76

Le lit tout simple

Gibbs est une vraie pile électrique. Il a beau s'endormir en moins de deux et se mettre à ronfler comme un sonneur, n'empêche ; il n'arrête pas de tournicoter dans tous les sens, en tirant à chaque fois la couverture à lui. Et ça dure toute la nuit.

Moi, j'en ai pour un moment avant d'être confortablement installée. Il faut arranger les oreillers, ajuster la couverture... Mais une fois que j'ai trouvé le sommeil, je ne bronche plus jusqu'au matin.

Gibbs a toujours trop chaud ; il lui faut une couverture légère. Moi, je suis du genre frileuse et j'aime les bons gros édredons.

Avec de telles manies, comment voulez-vous que ça fonctionne, le lit standard avec draps et couvertures bordés aux quatre coins ? Après des années de lutte sans merci, nous avons statué. On a trouvé un truc beaucoup plus simple. Comme ça, chacun peut dormir tranquillement.

Ça ne marchera pas forcément avec vous tous, *Ladies and Gentlemen.* Comme vous savez, on a chacun nos habitudes de sommeil. Et souvent, elles sont radicalement opposées. Mais voici une solution qui a fait ses preuves pour nous. Et comme c'est un problème fort répandu, de nombreuses lectrices m'ont écrit pour proposer des variantes à cette approche du lit tout simple.

La voici :

On a un grand lit double tendu d'un grand drap-housse, et chacun a une couette, presque aussi grande que le lit tout entier. La mienne, en catégorie poids lourd. La sienne, en catégorie poids plume.

Chacun plie sa couette en deux pour en faire une sorte de sac de couchage. La « poids plume » va de son côté, la « poids lourd » du mien. Le pli court au centre et la tranche est vers l'extérieur. Donc, pas de problème pour se glisser dedans ou en sortir.

Vu qu'on a chacun une couette immense, on peut prendre ses aises en toute quiétude. Sans voler dans les plumes de l'autre. Et puis ça garde mieux la chaleur qu'une seule grande couverture posée en travers du lit.

Le matin, pour faire le lit, c'est un jeu d'enfant. Soit vous laissez négligemment la moitié supérieure du « sac » telle quelle, soit vous la rabattez (d'un geste auguste) sur l'autre moitié du lit. Et voilà, le tour est joué ; d'un côté comme de l'autre, c'est impec. Euh... Quasi impec. J'ai entendu dire qu'un certain nombre d'*aficionados,* eux, replient chaque matin leurs couettes et les placent au pied du lit.

Ah ! Encore un truc. Histoire d'envisager d'espacer les lessives, vous pouvez (une fois n'est pas coutume) mettre les housses de couettes la tête en bas, ou les retourner carrément. Bah ! C'est vous qui voyez. Pour information, sachez qu'une couette remplit une machine ou un sèche-linge de taille standard.

Hum ! Je dois admettre que ce système ne facilite pas les câlins. Mais, bon. À vous d'improviser. Vous trouverez des idées, j'en suis sûre.

77
Idées toutes simples pour la lessive

Quel soulagement d'apprendre qu'on n'est pas les seuls, ce bon Gibbs et moi, à vivre un enfer tous les jours (et toutes les semaines) avec nos chaussettes !

D'abord, c'est une galère sans nom pour arriver à leur mettre la main dessus, au milieu du linge propre. Comme par hasard, les miennes vont toujours se nicher au fin fond d'une manche de chemise ou d'une jambe de pantalon. Ou alors dans les derniers plis et replis d'une taie d'oreiller. Ensuite, quand on en a trouvé une, il faut se mettre en chasse de sa jumelle. Et pour finir, il faut trouver un moyen de les faire tenir ensemble, sous peine de devoir repartir à l'aventure, une fois rangées dans leurs tiroirs respectifs.

Finalement, en désespoir de cause, j'ai trouvé le truc. Ça nous convient très bien à tous les deux. Mais en fonction de vos besoins, adaptez le système à votre cas particulier ; si j'en juge par l'important courrier que je reçois, ce ne sont pas les variantes qui manquent !

Je vous explique : j'ai acheté sept paires de chaussettes pour chacun, une pour chaque jour de la semaine. Toutes noires, je précise.

Ensuite, j'ai acheté deux filets à provisions zippés pour chacun. Ça se trouve dans n'importe quel Prisunic, ou chez le quincaillier du coin.

Accrochez les deux filets côte à côte, ou suspendez-les à un cintre dans votre penderie. Vous pouvez aussi leur assigner un tiroir, si vous en avez un suffisamment grand. Remplissez de chaussettes propres un des deux filets. Comme elles sont rigoureusement identiques, pas besoin de se galérer à les assortir deux par deux. Quand il vous en faut une nouvelle paire, plongez dans le filet propre. À la fin de la journée, jetez-les dans l'autre filet. En fin de semaine, balancez le filet de vieilles chaussettes dans la machine.

Au sortir du sèche-linge, le filet sale est devenu le filet propre, et c'est reparti pour la semaine. Finies, les expéditions pour mettre la main sur la deuxième chaussette de sa petite paire préférée.

Pour ce qui est du reste de la lessive, je reçois plein de courrier pour me signaler que ce n'est pas la peine d'acheter des trucs rouges. Oubliez : même après je ne sais combien de lavages, le rouge, ça déteint encore. Moi, j'ai compris ça depuis longtemps. Le rouge, j'ai tout arrêté.

Par ailleurs, la plupart de ces gens s'accordent à dire qu'il faut réduire de moitié le temps de séchage. Personnellement, je n'avais jamais entendu parler de cette méthode, mais je l'ai tout de suite adoptée. Laissez tourner le sèche-linge juste le temps qu'il faut pour éliminer les plis (10 à 20 minutes selon l'article, le sèche-linge et la position sur laquelle vous l'aurez réglé). Puis suspendez sur un cintre dans la penderie et laissez finir de sécher.

Ça ne marche pas sous toutes les latitudes, mais si vous pouvez le faire, non seulement vous allez gagner du temps et faire des économies d'électricité ou de gaz, mais vous pouvez dire adieu aux plis. Et surtout, adieu à la corvée de repassage ! Sans compter que ça n'arrange pas le linge de l'exposer à toutes ces hautes températures.

Maintenant, balancez votre fer à repasser.

Et voici encore un grand plan pour la lessive, qui me vient une fois encore de mes lectrices : le disque de lavage. Je ne sais pas si vous avez ça en France, mais ça se trouve aux États-Unis chez Real Goods Trading Corporation, 966 Mazzoni Street, Ukiah, CA 95482. Tél. : (00.1.707) 468-9430.

Ce sont des petits disques d'un diamètre d'environ six centimètres, remplis de billes de céramique ionisante. On jette ça dans la machine avec le linge, et finis les vilains détergents. Sur vos vêtements comme dans la nature. Finies les couleurs sombres qui déteignent à force de subir les assauts des agents blanchissants de certaines lessives. C'est recommandé pour les lavages fréquents, bien que ça demande de l'eau chaude. Depuis plus d'un an, c'est ce que j'utilise, et j'en suis plutôt satisfaite. Bon, quand je passe en machine du linge très sale, je m'autorise une ou deux cuillerées à café de détergent classique.

Ça se présente par paquets de trois, ces petites choses. Pour 49 dollars (environ 250 F), vous êtes paré pour 500 à 700 machines (à peu près deux ans, pour la plupart des gens).

X

Options de vie

78
L'ordinateur tout simple

Souvent, les gens me demandent : « Vous vous êtes débarrassée de votre ordinateur, quand vous vous êtes simplifié la vie ? »

Je passe mon temps à leur expliquer qu'au contraire mon ordinateur me fait gagner un temps précieux et me simplifie incroyablement la vie (eh oui, mon job c'est d'écrire !). C'est pas compliqué : je ne pourrais même pas imaginer m'en passer.

J'ai fini par comprendre. Les gens qui me posent cette question s'imaginent que se simplifier la vie, ça veut dire tout plaquer et partir sur une île déserte.

Mais, c'est une bonne question. Vue la vitesse à laquelle la technologie évolue aujourd'hui, on va tous devoir se la poser un jour ou l'autre. Est-ce que tous ces trucs vont nous simplifier la vie, oui ou non ? Je veux dire l'ordinateur, Internet, le *E-mail,* la « réalité virtuelle », les logiciels à n'en plus finir, et toutes les applications auxquelles on n'a même pas encore pensé ?

Demandez à dix personnes : vous allez avoir dix réponses différentes. Et même onze ! Avoir un ordinateur personnel ou pas, telle est la question. Question délicate, à laquelle chacun va devoir apporter sa propre réponse. Sans la maîtrise de l'engin, j'en connais qui vont vite plafonner dans leur boulot. D'autres pourraient à la limite s'en passer. Mais certains ont beau renâcler ou ruer dans les brancards, il faudra bien qu'ils s'y mettent un jour, s'ils espèrent rester dans la course.

Récemment, j'ai mené ma petite enquête. Le panel est certes un peu limité et pas représentatif à 100 %, mais j'ai interrogé une vingtaine de couples qui utilisent couramment un ordinateur. Tous surfent également sur Internet. En gros, ils s'accordent à dire que, même si à ce jour le Net a encore beaucoup de progrès à faire pour devenir un outil accessible au *vulgum pecus,* l'ordinateur et Internet sont là pour un moment. Que ça nous plaise ou non. Alors, autant s'y faire.

Je veux bien. Mais le téléphone aussi est là pour un moment. Et la télé, alors ? Ce n'est pas pour autant qu'il faut en devenir l'esclave. Cela dit, moi, comme j'écris des livres, je suis bien contente de pouvoir pianoter sur mon petit ordinateur (je me contente d'un traitement de texte tout simple, d'une imprimante laser et d'un modem/fax). Et j'imagine que tôt ou tard, le Net se révélera pour moi un outil de référence précieux.

Mais je me connais. C'est pareil pour la télé : il va falloir que je me freine. Je connais trop de technocrates qui se sont barrés sur le Net, et Dieu sait s'ils en reviendront jamais.

Enfin, c'est leur droit le plus strict. Ils ont choisi de le faire. Mais qu'est-ce qui le prouve ? Après tout, de même qu'il y a des accros de la télé, il y a des accros du *on line.* Il se produit un phénomène de dépendance dont on mettra sans doute quelques années à mesurer les effets.

Quoi qu'il en soit, holà ! Ce n'est pas maintenant que j'ai réussi à m'organiser une superbe petite vie simple, que je vais me laisser bouffer par Internet. Vivre avec les avancées technologiques de son temps, c'est très bien. Mais pas question d'y laisser son âme. Que chacun garde une vision claire de la vie qu'il a envie de mener, et s'impose le minimum de discipline pour s'y tenir. Ne soyons pas aveuglés par le soi-disant progrès.

79
E-mail, le courrier électronique

Pour beaucoup, le *E-mail* simplifie la manipulation du courrier et des informations en tout genre.

Mais ça peut aussi bien compliquer le processus. J'ai une copine qui ne communique plus avec ses amis et ses associés que par *E-mail.* Rien de plus facile, tu tapes ton message, tu appuies sur une touche, et hop ! En deux minutes, tu l'as envoyé à deux cents personnes, ton message. Et effectivement, c'est ce qu'elle fait régulièrement.

Formidable, en effet. Maintenant, elle passe des heures chaque jour à lire les messages qui lui reviennent. Et en plus de ça, les grands jours, elle y répond. Vous allez me dire que c'est simple, ça, peut-être ?

Si vous êtes un usager du *E-mail,* prenez donc un moment pour comptabiliser le temps que vous consacrez en plus, chaque jour, à tout votre courrier et à toutes vos communications. Ensuite, comparez avec le temps que vous y passiez avant. Au temps où le courrier électronique ne vous avait pas encore soi-disant simplifié la vie.

Comme le fait remarquer une lectrice, Amy Newman : « Le *E-mail* et le *voice mail* ont soi-disant été mis au point pour nous simplifier la vie. Mais ce n'est vrai que si on répond immédiatement à 90 % des messages. Virtuellement, le courrier électronique appelle une réponse électronique ; la dernière des choses à faire, c'est de l'imprimer ou d'y répondre à la main (surtout si c'est pour le saisir ensuite soi-même ou le faire saisir par une assistante). C'est pourtant ce que pas mal de gens continuent à faire. C'est dingue, non ? D'accord, il faut avoir sacrément confiance en soi pour répondre par retour de courrier. Mais le temps que ça fait gagner, je ne vous raconte pas. »

Quant à Gibbs, c'est clair et net. Pour lui, le *E-mail* ne fait qu'inciter ceux qui n'ont rien à dire, à le dire à tout le monde. Surtout dans un environnement de bureaux.

Le *E-mail,* c'est encore un de ces trucs soi-disant pratiques dont on se passe fort bien. Un peu comme le lave-linge-sèche-linge à programmation automatique, si vous voyez ce que je veux dire. C'est tellement pratique que ça a le don de nous compliquer la vie.

80
Le prélèvement automatique

Qu'est-ce qu'on a pu se faciliter la tâche, Gibbs et moi, en ce qui concerne la gestion des finances ! Adieu corvées, adieu travaux d'écriture, adieu tout ça.

Comment ? On a clôt tous les comptes pour n'en garder qu'un seul ; éliminé un maximum de cartes de crédit à l'exception d'une ou deux ; renoncé aux crédits en tout genre ; et consolidé notre portefeuille en limitant les investissements à deux ou trois familles d'obligations. Point barre. Sans compter que notre petit moratoire sur le shopping (*cf.* chapitre 56) nous a permis de considérablement réduire les dépenses. Et avec elles, tous les fastidieux travaux d'écriture y afférent.

De nombreux lecteurs ayant attiré mon attention sur le fait qu'on se simplifie grandement la vie en optant : 1- pour le prélèvement automatique des factures ; 2- pour le virement direct du salaire sur son compte en banque, j'ai décidé de me pencher sur la question.

Pour régler le problème du virement automatique du salaire, un coup de fil a suffi. Ensuite, allez : disons une petite heure pour téléphoner aux diverses boîtes qui m'envoient des factures tous les mois : le crédit-logement, l'assurance, l'électricité, France Télécom et tout le reste. Ils m'ont tous envoyé ou faxé un formulaire les autorisant à prélever directement les sommes dues sur notre compte-chèques, en me demandant de le leur retourner dûment signé, accompagné d'un RIB. En un mois, deux au maximum, l'affaire était réglée.

Maintenant, à l'exception d'une ou deux factures par mois, tout est débité sur notre compte courant par prélèvement automatique. Il reste juste deux ou trois services, ici, qui ne sont toujours pas équipés en ce sens ; ceux-là, je m'arrange pour les régler six mois ou un an à l'avance. Et voilà : je n'ai à me soucier de leurs factures qu'une ou deux fois par an.

Le seul chèque qu'il me reste à envoyer manuellement chaque mois est celui qui concerne les paiements de ma carte American Express. Aussi bizarre que cela puisse paraître, la banque qui me l'a délivrée ne dispose pas encore de ce genre de facilité.

En ce qui concerne la tenue des comptes, c'est très simple. Par exemple, je reçois chaque mois un avis de prélèvement de nos différents prestataires de services. Fidèle à la méthode « Les factures, on y touche une fois, et pas deux » (cf. chapitre 44), je reporte illico dans mon cahier de comptes le montant de la somme débitée sur mon compte courant. Facile ; mon cahier de comptes, je l'ai toujours à portée de main. À la fin du mois, j'épluche mon relevé bancaire ; je pointe les différents prélèvements automatiques qui y sont détaillés, pour m'assurer que les virements effectués correspondent bien à ceux que j'avais notés.

Et voilà. Plus de chèques à libeller, plus d'enveloppes à timbrer, plus de coupons-réponse à remplir, plus de timbres à lécher, plus de courses jusqu'à la boîte aux lettres, et plus d'amendes à risquer. C'est bien simple : moi qui passais chaque mois au moins une journée à régler les factures et à tenir les comptes, j'ai ramené ça à une heure par mois au maximum.

Pourquoi je n'ai pas souscrit à cette méthode plus tôt ? Parce que j'avais peur qu'en optant pour le virement ou le prélèvement automatique, je perde le contrôle des opérations. Je me disais que les virements que j'attendais allaient atterrir sur le compte de quelqu'un d'autre. Ou que ma banque allait oublier d'effectuer les miens. Après, il me faudrait des heures pour arriver à démêler tout ça. Pendant des années, je me suis accrochée à l'idée qu'on contrôle mieux la situation quand on paie ses factures manuellement. Mais depuis plus d'un an, je profite du système automatique, aussi bien pour les virements que pour les prélèvements. Et jamais je n'ai eu le moindre problème.

Si vous connaissez un moyen plus simple de régler les factures, n'hésitez pas à me contacter.

81
Tenez un budget mensuel

La meilleure façon que je connaisse de simplifier la tenue des comptes, c'est de faire un suivi des dépenses et des rentrées tout au long du mois. On se fixe un budget mensuel à l'intérieur duquel on peut raisonnablement envisager de fonctionner, et voilà.

Ce ne sont pas les livres qui manquent en la matière. J'en ai détaillé plusieurs dans la liste des livres simplement pratiques en fin de ce livre.

Mais vous pouvez vous contenter de vous asseoir et de faire votre propre tableau. C'est ce que je fais depuis des années : je note mes dépenses et mes rentrées sur un bloc à colonnes multiples, genre « Dauphin » format double page. On trouve ça dans toutes les bonnes papeteries.

C'est simple. Dans la marge, à gauche, vous alignez verticalement les différents types de dépenses : crédit-logement, assurance, nourriture, factures de gaz et d'électricité, etc. Et sur la ligne du haut, sur toute la largeur de la double-page, vous alignez les mois.

À la fin du mois, je reporte les données de notre relevé bancaire dans les colonnes qui leur correspondent, j'additionne le tout, et je déduis le total de notre revenu mensuel.

À la fin de l'année, je fais le total par catégorie et je divise par douze, pour obtenir le montant mensuel. Ça donne le budget à prévoir pour l'année suivante, en tenant compte de l'évolution du coût de la vie.

Moi, je vais au plus simple. La comptabilité en partie double, je laisse ça à d'autres. On n'est pas au centime près. D'ailleurs, pour faire encore plus simple, j'arrondis toujours au franc supérieur. Adieu les virgules et les décimales ! Dans le mois, ça doit me prendre quelques minutes à tout casser, pour faire le total des différentes colonnes et tenir mes comptes.

Quand on pointe régulièrement ses débits et ses crédits, on arrive plus facilement à mettre de côté. Et on dépense moins. Sans compter qu'à la fin de l'année, on a tous les éléments sous la main pour établir le budget de l'année suivante. Et pour finir, ça facilite le boulot quand il s'agit de remplir la déclaration d'impôts. Finie, la course pour aller à la pêche aux informations en dernière minute.

Mais l'avantage majeur, quand vous tenez un budget, c'est que vous avez le contrôle de votre argent. Ce contrôle, gardez-le bien : ça va vous simplifier la vie.

82

La carte de crédit toute simple

Gibbs et moi cherchions des solutions pour nous simplifier la vie, question finances. Eh bien, à l'exception d'une ou deux, nous nous sommes débarrassés de toutes nos cartes de crédit ! *Primo,* ça réduit chaque mois de manière drastique toutes les corvées de suivi, de roulement et de répartition des paiements. *Secundo,* ça nous a fait des vacances ; finies les tonnes de prospectus dont on était bombardé tous les jours.

Maintenant que n'importe quelle épicerie de quartier, n'importe quel grand magasin, et même La Poste acceptent les cartes de crédit, une seule nous suffit pour régler les dépenses de tous les jours, genre victuailles ou essence. *Idem* pour les menus frais du genre coiffeur, effets personnels, fournitures de bureau, etc. On en garde juste une de rechange pour nos virées à l'étranger, au cas où tel ou tel hôtel ou loueur de voitures bloquerait la nôtre en attendant qu'on ait réglé la note.

Puisque maintenant, grâce à notre petit budget, on sait combien on dépense dans chaque domaine, on se maintient sans mal dans les limites qu'on s'est fixé. Donc, pas besoin de se trimbaler avec des liasses de billets sur nous (encore plus difficiles à gérer, et encore plus prompts à vous filer entre les doigts) ; et plus besoin de chéquier non plus (on garde quand même toujours un ou deux chèques à portée de main, au cas où, pour les rares boutiques qui ne prendraient pas la carte).

Reporter le détail d'un relevé de carte bancaire dans le cahier de comptes, c'est simple comme bonjour (*cf.* chapitre 81). Et chaque truc réglé avec une carte de crédit, c'est un chèque de moins à pointer.

Bon, on a vite compris deux choses : 1- Qu'il faut un minimum de discipline pour ne pas dégainer sa carte de crédit à tort et à travers ; et 2- Qu'il est vital d'avoir son budget mensuel bien en tête pour ne pas l'exploser. Quant aux agios, pour éviter d'avoir à en payer, nous faisons en sorte de tenir nos comptes rigoureusement alimentés, et d'honorer chaque mois nos créances dans leur totalité.

Depuis qu'on se sert comme ça d'une carte de crédit, la comptabilité de la maison est devenue un jeu d'enfant. Aujourd'hui, toutes les factures courantes sont débitées directement sur notre compte courant (*cf.* chapitre 80), et nous réglons la plupart des autres au moyen d'un seul chèque, à l'ordre de la banque qui nous a délivré la carte.

Certaines banques délivrent des cartes encore plus simples, qui permettent de gérer la plupart de ses achats sans avoir besoin de porter trop d'espèces sur soi. En l'occurrence, les montants sont débités directement sur votre compte courant, et votre relevé bancaire vous en donne le détail mois par mois. Vous n'avez plus qu'à pointer et à reporter chacune des opérations dans votre grand cahier.

Une telle carte de crédit vous évite même d'établir chaque mois un chèque à la banque qui vous l'a délivrée, et, si vous veillez à ce que votre compte soit bien alimenté, vous vous éviterez les agios et les intérêts en tout genre. (Aux États-Unis, la plupart des banques proposent ce service gratuitement. Voyez avec la vôtre à combien une telle carte vous reviendrait par an). Si vous optez pour cette solution, assurez-vous de rentrer systématiquement le montant de chaque dépense dans votre cahier de comptes, comme si vous remplissiez un chèque, et déduisez au fur et à mesure de votre solde. De cette façon, à n'importe quel moment du mois, vous saurez exactement où vous en êtes.

83
Budget sur informatique ? Non mais je rêve !

Il y a quelques années, mon comptable m'a suggéré, pour me simplifier la tâche au moment de remplir ma déclaration d'impôts et même pour régler mes factures tous les mois, de me procurer un logiciel de comptabilité. Avec ça, je n'aurais plus rien à faire. C'est mon ordinateur qui se taperait tout le boulot.

Je crois pouvoir dire que l'ordinateur, ça me connaît un peu. En tout cas, en ce qui concerne la partie traitement de texte ; depuis le temps que j'écris des livres, j'ai eu tout loisir de me familiariser avec toutes sortes de logiciels, et avec toutes sortes d'engins différents.

Mais même au cours de mes années passées dans la spéculation immobilière, je ne m'étais jamais plongée dans les logiciels de comptabilité. À l'époque, la plupart de ceux qu'on trouvait sur le marché me semblaient trop pointus pour mes besoins et je me débrouillais fort bien sans, tant pour régler mes factures que pour établir mes budgets ou faire mes bilans de fin d'année. Je faisais tout ça à la main et jamais cela ne m'a posé le moindre problème.

Mais depuis que j'ai décidé de vivre simplement, je reste constamment à l'affût de nouveaux moyens susceptibles de me faire gagner du temps. Pour le coup, je me suis donc dit : voyons voir ce que peut m'apporter l'ordinateur sur ce terrain.

J'ai dépensé à peu près cinq cents francs pour le logiciel, les chèques et les enveloppes, et bien le double pour la formation qu'il m'a fallu faire : d'abord pour apprendre à m'en servir, et ensuite pour entièrement revoir mon système de règlement des factures.

Au bout d'environ six mois de pratique sur ces nouvelles bases, j'en suis arrivée à la conclusion suivante : pour moi, tout ça n'est pas simple du tout. Comme je ne laisse allumés en permanence ni mon ordinateur ni mon imprimante, c'est bien trop compliqué : il faut les lancer tous les deux, remplacer les feuilles 21 x 29,7 de l'imprimante par des chèques informatiques, rentrer les données dans le programme, imprimer les chèques, sortir les enveloppes spéciales, découper les chèques perforés, glisser les chèques dans les enveloppes, timbrer les enveloppes et finalement les poster.

Maintenant que toutes mes factures sont gérées par prélèvement automatique mensuel sur mon compte courant, et que je signe à tout casser un ou deux chèques par mois, j'ai à peu près autant besoin d'un logiciel de comptabilité que d'une moissonneuse-batteuse. Alors voilà, à moins que vous n'ayez à établir et à pointer chaque mois un nombre considérable de chèques, et si vous avez un roulement normal, le prélèvement automatique est encore ce qu'il y a de plus simple et de moins onéreux pour régler vos factures. Que ce soit aujourd'hui ou même dans un futur proche.

Certes, l'utilisation d'un tel logiciel évite le casse-tête de fin de mois, puisque le calcul des totaux se fait automatiquement au fur et à mesure. Un logiciel permet également d'analyser sa situation financière, ses rentrées et ses sorties, à n'importe quel moment et sous différents angles.

Certes, si vous avez monté votre propre affaire chez vous et que les factures pleuvent tout au long du mois, ou que votre déclaration d'impôts ressemble à un rapport gouvernemental, il y a de fortes chances pour que le traitement informatique vous simplifie la vie. Mais pour moi qui n'ai à m'en servir qu'une fois par mois, il y a un critère rédhibitoire, c'est le boulot que ça demande pour se maintenir au niveau. Chaque mois, c'était la même histoire ; j'avais oublié le fonctionnement, et il fallait tout recommencer de zéro.

Je pense également que pour la plupart d'entre nous, exception faite de la synthèse des rentrées et des dépenses mensuelles, les tableaux, courbes, camemberts et bilans dont ces messieurs nous vantent les mérites pour essayer de nous fourguer leurs logiciels sont tout à fait inutiles. L'argument, c'est que grâce à ça, on va soudain avoir une vision limpide de notre situation financière...

Évidemment, si vous voulez à tout prix les sortir, ou que ça vous amuse de passer du temps à générer ce type d'informations, c'est une autre histoire. Mais pour nous autres qui nous en passons fort bien, tout le baratin sur l'aspect pratique de la comptabilité informatique à la maison n'est jamais qu'une vaste plaisanterie. Pire, ces logiciels sont souvent beaucoup plus complexes qu'ils n'en ont l'air.

Personne ne remet en question les possibilités immenses que peut offrir l'ordinateur. Il est même probable que dans un futur proche, l'ordinateur régisse le moindre de nos faits et gestes. Mais en la matière, et pour le reste, tâchons de rester objectifs. Posons-nous toujours la question de savoir si, dans un contexte donné et selon la façon dont nous allons l'utiliser, telle ou telle application va réellement nous simplifier la vie. Ou même si elle peut nous apporter quoi que ce soit.

84
L'agenda tout simple

Dans la vie, moins on accumule, moins on a de choses à organiser. La technique que j'utilise pour organiser mon temps est rigoureusement la même que celle que j'ai adoptée pour maintenir en ordre mon foutoir. Commençons déjà par réduire le nombre des choses qu'on a à faire chaque jour, ça nous évitera d'avoir à faire des listes de double-pages entières pour arriver à s'en souvenir.

Regardez bien votre agenda. C'est bien simple : les choses les plus importantes n'y figurent pas. Ça vous arrive souvent de noter : « Passer un moment avec les enfants » ? Ou : « 15 h : face à face avec moi-même » ? Ou : « Ce soir, on fait l'amour » ?

Finalement, beaucoup de gens préfèrent en revenir à un petit agenda tout simple, à la mesure d'une vie toute simple. Voici ce que m'écrit une lectrice, Melissa Keane : « J'ai balancé mon gros Filofax. À force d'en remplir une page entière tous les jours, j'avais fini par croire qu'on pouvait faire tous ces trucs en l'espace d'une seule journée. Mais moi, mon job, c'est d'écrire et de faire des recherches sur l'Histoire. La plupart de mes journées peuvent donc se résumer en un ou deux mots : « Bibliothèque », « Archives », ou « Écrire ». Les rendez-vous heure par heure, à quoi ça me servirait ? »

Eh oui ! Les styles de vie frénétiques que nous nous sommes imposés nous ont amenés à trouver tout à fait normal (et même, dans certains milieux, de bon ton) de nous répandre dans de coûteux et complexes agendas. Avez-vous seulement fait le compte de toutes les heures que vous passez à mettre à jour le vôtre ? Le plus clair du temps, on le passe à RE-noter pour le lendemain les choses qu'on n'a pas eu le temps de faire le jour même.

Se simplifier la vie, c'est avant tout en arriver au point où l'on ne s'impose plus de faire ces dizaines de choses chaque jour. Si vous voulez en revenir à un agenda tout simple, il va peut-être falloir procéder par paliers dégressifs, en passant par des agendas de tailles intermédiaires. Et bien sûr, il va falloir tailler dans la masse de tous les trucs que vous vous croyez obligé de faire chaque jour.

À emploi du temps frénétique, choix de vie frénétique. Mais qu'est-ce qui nous oblige à nous livrer pieds et poings liés à un agenda de trois kilos ? Comme le dit si bien ce cadre de New York, adepte lui aussi de la vie simple : « Je sais une chose : à partir du moment où j'ai tellement de choses à faire que je suis obligé d'en passer par une liste, c'est que, déjà, je suis mal barré ! »

XI

Élever ses enfants simplement

85

Commencez par vivre simplement vous-même

Vous allez me dire : élever ses enfants simplement, c'est bien gentil, mais un enfant, ce n'est jamais simple. Je vous le concède bien volontiers. Il n'en reste pas moins que quand on a des enfants et qu'on veut se simplifier la vie, ça reste possible.

Se simplifier la vie quand on a des enfants, ça demande exactement les mêmes contraintes que se simplifier la vie quand on n'en a pas. Ça demande du temps et de l'énergie, et ça demande d'être à l'écoute des problèmes des uns et des autres, de faire l'effort de comprendre les plus importants, de s'imposer une discipline personnelle, d'être capable de se fixer des limites (tant pour soi-même que pour ses enfants), de faire preuve de suffisamment de force de caractère pour savoir dire non et s'y tenir, et d'être déterminé à prendre toutes les décisions qui s'imposent pour adapter et repenser son style de vie, de telle sorte que les changements escomptés soient effectivement mis en œuvre.

La seule différence quand on a des enfants et qu'on veut se simplifier la vie, c'est qu'en tous ces domaines, il faut faire preuve de plus de détermination encore. De beaucoup plus, même.

Je précise que pour ma part, bien que j'aie l'honneur d'avoir épousé un homme qui, lui, en a deux formidables, je n'ai pas eu d'enfants. Quand j'ai débarqué, les siens avaient respectivement 9 et 14 ans ; je n'ai donc jamais connu la joie suprême que représente le changement des couches de bébé, ni été initiée au rite du biberon de 2 h du matin (mais je me suis quand même fait quelques bonnes nuits blanches avec Gibbs, à l'époque où, sur le coup de 2 h du matin justement, on s'apercevait que notre grand de 16 ans avait comme qui dirait enfreint le couvre-feu de minuit).

Comme nous n'avions les garçons que le week-end et pendant les vacances, je n'ai jamais été en première ligne.

J'ai été exemptée du travail à plein temps que constituent les incessants problèmes liés à la lessive, aux corvées diverses, aux programmes télé, au voiturage collectif, à la baby-sitter, aux devoirs, à la drogue, aux rapports sexuels précoces ou à la grossesse ; ni d'ailleurs à aucun des mille et un autres problèmes auxquels des parents à plein temps doivent aujourd'hui faire face, lorsqu'ils ont des enfants à élever.

Mais toute ma vie d'adulte, j'ai vécu entourée d'amis qui ont des enfants. J'ai donc eu tout loisir d'observer les trucs qui fonctionnent et ceux qui ne fonctionnent pas ; et si vous me le permettez, j'aurai également l'outrecuidance de vous faire part de mes propres réflexions, même si, j'en conviens, celles-ci sont pour le moins faussées.

Le meilleur conseil que moi, en ma qualité de non-parent, je pourrais donner à une personne qui a des enfants, le voici : commencez par vous simplifier la vie vous-même. Plus vous avancerez dans le processus, mieux vous serez à même de gérer les complications que peut engendrer la condition de mère, ou celle de père.

Essayez de libérer dix ou vingt heures par semaine pour vous consacrer à vos enfants ou pour éliminer (en tout cas réduire) certaines des pressions auxquelles vous devez faire face. Pour cela, le processus de simplification devrait vous permettre d'y arriver. Au pire, vous allez réussir à vous dégager d'un certain nombre de contraintes bassement matérielles pour vous rendre disponible. Vous serez alors en mesure d'accorder la place qui leur revient aux dilemmes qui, en votre qualité de mère ou de père, se présentent forcément à vous. Ce qui importe le plus dans votre vie aujourd'hui ne l'oubliez pas, ce sont vos enfants.

Continuez de vous poser la question : « Qu'est-ce que je pourrais faire pour me simplifier la vie ? » (*cf.* chapitre 18). Posez-vous simplement cette question, prenez le temps qu'il faudra pour entendre la réponse, et vous verrez que la solution à tel ou tel problème particulier s'imposera d'elle-même.

Bon. Je ne prétends pas que les suggestions qui vont suivre tout au long de cette partie soient les seules qui permettent de se simplifier la vie quand on a des enfants. Mais en termes de simplicité, à mon avis, elles sont capitales. Commençons déjà par celles-là.

86

Impliquez vos enfants dans les corvées domestiques

De nombreux parents m'ont écrit qu'ils s'étaient simplifiés la vie en mettant leurs enfants à contribution pour les tâches ménagères de tous les jours.

Jennifer Sellers enseigne dans un lycée d'enseignement secondaire. Voici une maman qui a pris un congé sabbatique pour pouvoir se consacrer à ses gosses, et je trouve la façon dont elle présente les choses absolument merveilleuse :

« Ça peut sembler débile à tous ceux qui n'ont pas d'enfants, mais par les temps qui courent, en ce qui concerne les corvées domestiques, il est de plus en plus rare de voir des gamins mettre la main à la pâte.

« J'ai assisté à une conférence de John Rosemond, un auteur spécialisé dans les problème de parents. À un moment, il pose cette question au public : “Combien y en a-t-il dans cette salle qui distribuent de façon régulière à leurs enfants de plus de cinq ans des corvées de maison, en insistant pour que le travail soit bien fait et sans leur donner d'argent ?”

« Dans toute la salle, une demi-douzaine de mains à peine se sont levées.

« Ensuite : “Combien y en a-t-il dans la salle qui, quand ils étaient petits, devaient mettre la main à la pâte à la maison ?” Toutes les mains se sont alors levées. “Question de génération, *Ladies and Gentlemen*”, a-t-il lancé.

« Mes enfants à moi font beaucoup, de leur propre initiative et sans que je les rétribue. Voilà comment on s'y est pris :

1. En les laissant toujours “aider” quand ils étaient petits. Personnellement, ce genre d'aide m'a longtemps donné deux fois plus de travail, mais au moins, ça m'a permis de passer du temps pour parler avec mes enfants. Et au bout du compte, le boulot finissait toujours par être fait. La récom-

pense, c'est que maintenant, j'ai deux assistants en béton qui, pour le coup, m'aident vraiment.

2. En se disant : travailler ensemble, c'est être ensemble. Pendant qu'on fait joujou, le boulot reste là à vous attendre. Alors que quand on fait une soupe ensemble, le dîner se prépare. On forme un futur cordon bleu, on passe un bon moment ensemble, et le gamin est tout fier d'avoir fait la popote.

3. En ne lésinant pas sur les mercis, les marques de reconnaissance, les compliments et les commentaires.

4. Je me suis aperçue qu'aux petits, il vaut mieux donner plusieurs petits boulots courts plutôt qu'un long. Mon cadet change la litière du chat et nettoie la poubelle, sort les poubelles normales et les trucs à recycler, brique le plan de travail et change les torchons de cuisine tous les jours.

Avant, je faisais tout ça moi-même. Plus maintenant. Prises individuellement, aucune de ces petites corvées ne demande beaucoup de temps. Mais mises bout à bout, ça fait pas mal de temps et d'énergie de gagnés. Et ce n'est pas avec ça que mon gamin de sept ans va être débordé. Un soir sur trois, c'est son tour d'essuyer la vaisselle (j'ai trois enfants).

Mais je ne lui demande pas de la laver ; ça lui ferait trop. Et ça pourrait le freiner dans ses élans.

Les aînés, eux, sont préposés à des tâches plus laborieuses. Parfois je les paye pour qu'ils aident, mais seulement pour des corvées qui nécessitent un effort particulier. Jamais pour le quotidien.

5. En leur répétant qu'ils ont beaucoup de chance d'apprendre à faire des choses et d'apprendre à travailler ; plus tard, ce sont eux qui décrocheront les jobs.

« J'essaie toujours d'avoir présent à l'esprit que ce n'est pas en bombardant un enfant d'autocollants stupides, genre "Tu sais que je t'aime, toi", qu'on l'aide à prendre confiance en lui. Au contraire, c'est en lui donnant le sentiment qu'il a véritablement réussi à mener quelque chose à bien, et en faisant en sorte qu'il se sente utile. Bref, en lui faisant comprendre qu'il est un membre à part entière de la communauté, en l'occurrence de la famille. »

Une de mes amies qui a trois enfants, elle, a simplifié le problème des corvées de maison en collant chaque mois sur la porte du réfrigérateur un tableau qui répartit les tâches. Il y a palabre au moment de savoir à qui c'est le tour de faire la vaisselle ? Regardez donc sur le tableau, les enfants…

Ça tranche dans le vif et ça coupe court à toute discussion (invariablement, elle se retrouve avec une feuille passablement gribouillée, mais bon).

87

Pas 36 activités extra-scolaires à la fois

Voici un truc qui me revient autant par la bouche des parents que par celle des enfants. Douce musique à mes oreilles que celle-ci : les gens commencent enfin à réaliser que ce n'est pas parce qu'aujourd'hui les gamins ont accès à absolument tout, qu'on doit leur faire faire forcément tout.

Une femme, mère de deux adolescents, m'a écrit pour me dire qu'elle avait réuni la famille au grand complet, et que tous ensemble, ils avaient pris la décision suivante : pas plus d'une ou deux activités extra-scolaires par saison, et par enfant.

Au début, tant le père que la mère ont été surpris de voir avec quelle modération les enfants réagissaient, face à cette mesure à première vue restrictive. Mais à l'usage, ils ont réalisé ceci : non seulement les gamins étaient favorables à l'idée de pratiquer moins d'activités en dehors de l'école, mais en définitive, la perspective de ne plus avoir ni à s'investir ni à être en compétition dans tant de domaines différents, les soulageait carrément (cours de danse, de gymnastique, de hockey et de chant pour elle ; foot, hockey, athlétisme et échecs pour lui).

Les uns comme les autres, depuis maintenant deux ans qu'ils ont pris cette décision, se sont rendus compte du bien que ça leur a fait.

Les gamins ne sont plus épuisés, puisqu'ils ne sont plus constamment en train de courir. Ça fait des vacances à la mère, qui n'a plus besoin de se tenir à disposition pour servir de chauffeur à toute la famille. Et tant à l'école que dans l'activité qu'ils ont finalement choisie, les résultats des enfants se sont améliorés de façon spectaculaire.

Les gamins s'entendent mieux, aussi bien entre eux qu'avec leurs deux autres frères et sœurs. La mère explique cela par le fait que, comme elle a plus de temps à consacrer aux uns et aux autres, leur besoin inné d'être celui qui captera le plus son attention est allé en diminuant.

Globalement, la famille est plus heureuse : chacun est moins stressé et dispose de plus de temps pour lui.

Depuis quelques années, on s'est mis dans la tête qu'il faut à tout prix se ruer sur tous les trucs qui nous passent à portée de la main. En vérité, la frénésie de vouloir tout faire nous complique la vie. Et finalement, on n'est plus capable de faire la différence entre les choses qu'on a envie de faire, et les choses qu'on se sent obligé de faire.

Cette confusion, nous l'avons transmise à nos enfants. Très souvent, on se laisse influencer par la pression qu'exerce sur nous l'entourage (tant le nôtre que celui de nos gosses d'ailleurs). On voudrait leur donner accès à toutes les choses auxquelles les autres gosses ont accès, ou à toutes celles auxquelles nous, on n'a pas eu accès. Mais on perd si vite le sens de la mesure. On ne peut pas TOUT faire. Ni nous, ni nos enfants.

Commencez en éliminant juste une ou deux activités extra-scolaires ; on ne sait jamais, si cela vous simplifie grandement la vie...

88
Attention à la télé-décérébration

Dans son remarquable ouvrage intitulé *L'Autorité des parents dans la famille : une manière sensée d'élever les enfants aujourd'hui (Éd. de l'Homme),* le psychologue John Rosemond insiste tout particulièrement sur le fait qu'un contrôle rigoureux doit être exercé sur les programmes que nos enfants regardent à la télé.

Le fait que les programmes qu'on propose aux enfants (ne parlons pas de ceux qui sont destinés aux adultes) soient d'une qualité pour le moins discutable n'est d'ailleurs pas son propos ; cela dit, c'est une raison suffisante pour que tout parent impliqué en limite sérieusement la consommation.

Selon le Dr Rosemond, même des séries comme *Sesame Street* et tous ces divertissements pour enfants, dits éducatifs, favorisent une forme de passivité qui, plus tard, affecte la capacité de l'enfant à apprendre.

Cela soulève également bien d'autres problèmes dont on parle peu. On s'imagine que ça nous simplifie la vie de laisser un enfant se coller devant un écran de télévision, sous prétexte que pendant ce temps, on va être tranquille. Mais si l'on en croit le Dr Rosemond, le fait de regarder régulièrement la télé non seulement bride leur esprit d'initiative et leur créativité, mais engendre des mécanismes d'assuétude. Cela fait de nos enfants des êtres qui dépendent de leurs parents pour s'amuser, et qui n'ont plus d'autonomie en la matière. Et les enfants qui grandissent en étant incapables de créer leur propre bonheur et leur propre bien-être font leur entrée dans le monde des adultes avec un handicap considérable.

Inversement, un enfant qui a su développer une aptitude à raisonner et à agir par lui-même démarre avec un avantage décisif sur tous ces petits infirmes qui passent sept heures par jour en moyenne devant un écran de télévision.

Du fait des effets néfastes de la télévision sur la capacité qu'aura un enfant à apprendre, le Dr Rosemond affirme que ce n'est qu'une fois qu'il aura appris à lire, et à ce moment-là seulement, qu'on peut l'autoriser à la regarder. Ensuite, si toutefois vous lui en autorisez l'accès, l'usage de la télévision doit être contrôlé de très près ; le mieux étant de le limiter au minimum.

Fixez des paramètres. D'accord pour une heure par jour, si les émissions ont votre aval. D'accord à la limite pour une autre heure d'émissions éducatives de qualité. Et après, rideau ! Mon amie Vera, quant à elle, a acheté une télé dont l'interrupteur d'alimentation est caché ; impossible de l'allumer en son absence.

Procurez-vous le livre de Steve et Ruth Bennet *100 Idées pour occuper vos enfants chez vous sans la télé (La Sirène).*

Et si pour l'éliminer complètement, vous avez besoin d'une aide extérieure, contactez l'une des organisations dont les coordonnées figurent en fin de ce livre, dans les « Adresses utiles ». Vous recevrez une brochure gratuite dans laquelle vous trouverez tous les renseignements nécessaires pour organiser une « semaine sans télé » dans votre quartier, et bien entendu y participer.

89

Apprenez à vos enfants à se servir de l'argent avec discernement le plus tôt possible

À l'âge de huit ans, mon père a commencé à me donner de l'argent de poche : 2,50 F par semaine. À l'époque, le seul conseil qu'il m'a donné, c'est de toujours en mettre la moitié de côté. L'autre moitié, je pouvais en faire ce que je voulais, mais tous les petits extras dont je pouvais avoir envie, c'était à moi de les prendre en charge. Si je claquais tout d'un seul coup, ce que j'ai fait les premières semaines (les 2,50 F y passaient dans leur totalité), pas question de venir pleurer dans son giron pour me faire renflouer. Il fallait attendre la semaine suivante, jusqu'à la nouvelle perfusion de l'argent de poche. J'ai vite appris à me constituer un petit viatique en cas d'urgence (genre la double-séance du samedi après-midi PLUS l'Extrême de Gervais au chocolat), et j'ai aussi appris à tenir un budget.

Cet argent de poche n'était nullement lié aux corvées domestiques auxquelles j'étais astreinte. Ça faisait longtemps que j'étais censée assurer le minimum ; faire mon lit, aider à mettre la table et pendre mes vêtements en rentrant de l'école, par exemple.

En grandissant, j'ai été mise à contribution de plus en plus souvent pour les corvées domestiques ; en temps que membre à part entière du foyer, c'est ce qu'on attendait de moi, point. Pour mes parents, l'argent de poche était surtout le moyen de m'apprendre à manipuler l'argent avec discernement. Tout ce dont j'avais besoin pour vivre, c'est eux qui le prenaient en charge. En revanche, ils attendaient de moi que je tienne mon budget, et que j'assume tous les petits extras dont je pourrais avoir envie.

Quand je suis entrée au lycée, j'avais déjà mon propre compte en banque ainsi qu'un compte-épargne, et j'avais appris à jongler entre les deux. Grâce aux conseils éclairés de mon père, et parce qu'il avait décidé de me laisser mordre la poussière une fois ou deux, j'ai appris en grandissant à gérer mon argent, de façon à être toujours capable de subvenir à mes besoins de base, ainsi qu'à toujours avoir un peu d'argent de côté. Depuis le jour où j'ai commencé à travailler, cette habitude de mettre à gauche une partie de mes revenus ne m'a d'ailleurs jamais quittée.

Dans son livre *(The Cheapskate Monthly),* Mary Hunt définit une stratégie semblable. Cette stratégie, son mari et elle l'ont mise en pratique pour solder les dettes qu'ils avaient contractées, et aussi pour préparer dès le plus jeune âge leurs deux garçons à gérer leurs propres dépenses.

Toutefois, il y a deux ou trois différences fondamentales entre son programme à elle et celui de mon père. La première, c'est que chaque enfant devait d'une part mettre de côté 10% de ses revenus, mais également en donner 10 autres à une cause de son choix. Que ce soit à un ami dans le besoin, à la bibliothèque du coin ou à n'importe quelle organisation humanitaire.

La seconde, c'est que la somme qu'ils allouaient à leurs enfants était beaucoup plus importante. Mais avec ça, les gamins devaient prendre en charge, dans son intégralité, tout ce qui n'était pas compris dans le régime de base

« nourri-logé » qu'assuraient les parents. Chaque année, à la rentrée, cette somme était légèrement revue à la hausse, de façon que l'enfant puisse couvrir les frais qu'il allait devoir assumer tout au long de l'année scolaire. Les gamins devaient donc établir un budget pour la totalité de leurs dépenses ; de leurs vêtements aux cadeaux d'anniversaire destinés à leurs copains ou à leur famille, en passant par leurs livres de classe, leurs sorties et même leurs tickets de bus... Tout, quoi.

Les parents s'étaient engagés à ne pas interférer sur la façon dont les enfants dépensaient leur argent. Mais dès le départ, ils avaient mis les choses au clair : pas question de venir chouiner pour une rallonge, s'ils avaient tout claqué dès le début de mois, et qu'ils avaient du mal à boucler la boucle. Si leurs caisses étaient vides avant la « paie » suivante, dur pour eux ; il allait falloir attendre.

Mary Hunt admet qu'il lui était difficile de refuser à ses propres enfants la rallonge dont ils pensaient avoir besoin, quand ils avaient tout claqué le premier jour. Mais son mari et elle n'ont jamais failli à la règle qu'ils s'étaient fixée.

Résultat : dès leur plus jeune âge, leurs deux garçons étaient familiarisés avec le commerce de l'argent. Une fois en âge de conduire, chacun a pu se payer sa propre voiture (avec les frais de carburant et d'assurance que ça implique). À côté de ça, ils avaient mis de l'argent de côté pour payer leurs études.

Le livre de Mary Hunt donne également quelques repères pour évaluer le montant des sommes en fonction des différentes tranches d'âge. À vous de les adapter à vos propres enfants et aux circonstances qui vous sont propres.

Il est certain que tous les enfants n'ont pas acquis une maturité suffisante pour qu'on puisse leur confier, en une fois, l'équivalent d'un mois entier d'argent de poche. Si par exemple le vôtre a tendance à tout claquer en bonbons (ou en demis de bière, ou en drogue), il serait peut-être plus judicieux d'étaler les versements et d'exiger un compte rendu détaillé de la façon dont l'argent est dépensé.

Apprendre à vos enfants à se servir de leur argent avec discernement ne va pas seulement vous simplifier la vie. C'est sans doute le plus précieux des cadeaux que vous pouvez leur faire.

90
On fixe un budget pour les jouets et les M&M's et on s'y tient

L'une des complications les plus patentes que rencontrent les parents face à leurs enfants se joue toutes les semaines d'un bout à l'autre du pays, aux caisses des supermarchés. C'est là que retentit le cri déchirant du gamin éperdu, à qui la mère ne veut pas lâcher un « oui » pour le laisser acheter à la fois le sachet de nounours, et celui de sucettes Chupa Chups.

Il y a bien une solution, c'est de laisser les enfants à la maison quand vous partez faire vos courses. Mais évidemment, ce n'est pas toujours possible. Et à côté de ça, il faut bien leur apprendre à se tenir en public. Donc dans un sens, la grande surface est un bon terrain d'entraînement.

J'ai discuté de ce problème avec des dizaines de parents, et tous s'accordent à dire que la réponse est on ne peut plus simple : non, c'est non. Mais le truc, c'est de dire non, ou de faire savoir à vos gosses ce que vous les autoriserez exactement à acheter, AVANT de rentrer dans le magasin, et de vous y tenir. Expliquez-leur à l'avance ce qui va se passer, si jamais ils se mettent à pleurer ou s'ils piquent une colère. Et là encore, soyez ferme.

Il y a une autre solution, c'est d'appliquer le plus tôt possible une variante appropriée du système d'argent de poche tel que l'a défini Mary Hunt (*cf.* chapitre 89) et donc, dans les limites du raisonnable, de laisser l'enfant apprendre à décider tout seul de la façon dont il va dépenser l'argent qui lui a été alloué.

91
Passez le mot à vos parents et à tous les membres de la famille bien intentionnés

Fixer une limite à ce que vous allez acheter (ou laisser acheter) à vos enfants, c'est une chose. Encore faut-il donner des instructions en ce sens à vos parents et grands-parents à vous, afin qu'ils les respectent eux aussi.

Pendant des années, ma copine Liz a offert des cadeaux extravagants à sa nièce et à son neveu, qui habitent à des milliers de kilomètres de chez elle. Il y a quelques années, elle doit soudain quitter le pays pendant presque tout le mois de décembre, pour un voyage d'affaires à l'étranger qu'il lui est impossible de différer.

Sachant qu'elle va être absente pendant les fêtes,

elle achète ses cadeaux en avance et les envoie à sa sœur dès la fin du mois de novembre. Quelques jours après, juste avant de s'embarquer pour son voyage à l'étranger, elle téléphone pour souhaiter un joyeux Noël à toute la famille, et découvre à sa grande stupéfaction que les gamins ont déjà ouvert leurs paquets.

« Mais pourquoi tu n'as pas attendu Noël ? », reproche-t-elle à sa sœur.

« Écoute, Liz, ils reçoivent tellement de cadeaux de leurs grands-parents, paternels et maternels, de leurs tantes, de leurs oncles et de tout le reste de la famille que, s'ils ne commencent pas plusieurs semaines avant Noël à ouvrir un paquet ou deux chaque soir, à la mi-janvier, ils y seraient encore. »

Là, on nage en plein délire. Mais ce genre de situation n'est pas si rare. Non seulement cette surenchère de cadeaux complique la vie des parents, avec tous ces jouets, ces jeux, et tout le bazar qui s'accumule dans tous les coins de la maison, mais en plus, ça complique aussi celle des enfants. Ils sont complètement débordés. Ils ne savent plus par quoi commencer. Ça anesthésie autant leur sensibilité que leur créativité.

Regardez et vous verrez que, systématiquement, ils jettent leur dévolu sur un ou deux jouets et laissent les autres dans un coin. Et ça reste là, à prendre bêtement de la place et à saturer leur espace.

En plus, cela fausse leurs repères : ils partent dans la vie avec des espérances totalement utopiques. Et ce qui est clair, c'est que le message qu'on leur passe, en termes d'habitudes de consommation et de réactivité à la pub télé, est un message négatif (Les dix jouets les plus vendus sont liés à des séries télé).

Commencez à passer le mot aussi bien auprès de vos parents (les grand-parents de vos enfants) que des oncles, des tantes, des amis et de la famille éloignée. « Écoute, Maman, on est très touché par ce que vous faites pour les enfants, mais on a décidé de fixer une limite au nombre de jouets qui rentrent à la maison ; ça nous complique trop la vie. Pas plus d'un ou deux cadeaux ; tout l'argent que vous voulez mettre en plus, ça partira sur un livret d'épargne. »

Et voilà, c'est aussi simple que cela.

92
Cultivez des valeurs simples

Ralentir la cadence des corvées domestiques ; arrêter d'écumer les soirées mondaines ; ramener vos journées de travail à 8 h si vous travaillez à l'extérieur ; passer moins de temps dans les transports en commun ou les embouteillages ; arrêter de passer des heures à faire du shopping et à consommer ; revoir à la baisse vos aspirations en termes de mètres carrés, d'hectares de terrain et de blancheur immaculée du linge, tout ça va vous permettre de dégager du temps pour inciter vos enfants à se livrer à des activités simples, enrichissantes et stimulantes pour l'ouverture d'esprit.

Apprenez-leur à faire la cuisine, à coudre et à faire eux-mêmes leur lessive, comme l'a fait Jennifer Sellers (*cf.* chapitre 86), mais emmenez-les aussi dans la nature faire des balades à pied ou en vélo, et apprenez-leur à profiter de la bibliothèque du coin pour y passer des moments au calme. Plantez un jardin, construisez des châteaux de sable ou faites des plans sur la comète, et regardez avec eux le soleil se lever ou se coucher. Apprenez-leur à rechercher chaque jour les moments de calme, et à développer le potentiel de leur âge : lecture, écriture, ou tenue d'un journal. Encouragez leur créativité en les incitant à jouer de la musique, à dessiner, à peindre, et à se livrer à toute forme d'expression artistique pour laquelle ils montrent le moindre penchant.

Comme l'écrit une lectrice, Ann Hopson : « Mère de deux enfants, j'ai bien de la chance d'avoir trouvé ce domaine à explorer. Mes filles ont cinq et sept ans et adorent la nature, les expériences nouvelles et la liberté. Vos suggestions sont une alternative heureuse au MacDo, aux parcs d'attractions, et aux galeries marchandes ruineuses. Nous, on adore visiter les endroits gratuits, comme les jardins botaniques ou les sites historiques, et même faire des recherches généalogiques dans les bibliothèques ; cette

•\activité est d'ailleurs devenue notre préférée, dans la famille. J'ai la chance d'avoir des filles qui sont parfaitement heureuses de pouvoir rester à la maison pour se livrer à des activités toutes simples. »

C'est sûr, ce genre d'activités va vous demander plus de temps, en tout cas au départ, que de les coller devant la télévision. Mais à long terme, avoir des enfants heureux qui aiment les plaisirs simples, et qui arrivent à s'amuser par eux-mêmes, ça simplifie la vie de tout le monde : aussi bien la vôtre que la leur.

XII

La garde-robe toute simple (pour Madame)

93
Définissez un style qui vous soit propre

Je donnais récemment une petite conférence sur la vie simple, quand on en est arrivé au problème des habits simples. Là, les femmes dans l'assistance ont commencé à gémir sur le mode : « Ah, qu'il est difficile de s'accommoder des caprices de la mode ! » C'est vrai, quoi, on en a marre de devoir toujours se soumettre à la même tâche herculéenne, se trouver un look décent à la fois fonctionnel et varié, sans avoir à y laisser notre dernier centime.

Un homme dans la salle s'est levé. Il s'est présenté comme un banquier dont la spécialité est de réunir des capitaux pour les lancements, dans l'industrie de la mode.

Selon lui, les couturiers et les fabricants de la mode féminine sont actuellement dans une très mauvaise passe, et sont obligés de restructurer à tours de bras, à un point que la récession économique générale est loin de justifier à elle seule.

Ce qui lui revient sans arrêt, c'est que les femmes en ont marre de se débattre pour trouver des habits qui leur conviennent et sont frustrées de la chose. Pour lui, le sentiment général dans les différents secteurs de cette industrie, c'est que les femmes ont tout simplement cessé d'acheter des vêtements, comme elles avaient coutume de le faire par le passé. Son avis est le suivant : si l'industrie de la mode veut être capable de s'adapter à un style de vie aujourd'hui en totale mutation, elle va devoir repenser de A à Z tant le stylisme que la chaîne de production. Tous secteurs confondus.

J'espère juste une chose, c'est que ce monsieur dit vrai. Mais je serais très étonnée d'assister, de mon vivant en tout cas, à une totale remise en question. Regardez la façon dont les tendances de la mode sont promues. Les marques et les fabricants ont investi trop de milliards à générer cette épidémie pathétique pour tant de femmes. Pour eux, ce serait faire un virage à 180 degrés que de se mettre, soudain, à produire des vêtements qui conviennent à la majorité.

Si vous, dans votre quête de vie simple, avez accédé au point où vous êtes prêt à vous retirer dans votre cabane au Canada, ou que, d'une façon ou d'une autre, vous êtes en mesure d'organiser votre vie de manière en réussissant à ignorer les diktats, même les plus subtils de l'industrie de la mode (mon rêve, finalement), alors deux ou trois jeans et une bonne paire de chaussures feront très bien l'affaire.

Mais, soit parce qu'ils l'ont choisi soit parce qu'ils ne peuvent pas faire autrement, ceux d'entre nous qui envisagent de garder un pied dans le grand cirque de la consommation, devront bon gré mal gré continuer à jouer le jeu des tendances. Personnellement, je me suis fixée le but suivant : suivre au maximum les règles que j'ai définies moi-même, et me soumettre aux autres le moins possible.

Je suis loin d'être la seule dans cet état d'esprit. Personne n'a dit qu'on voulait ressembler à des gravures de mode ; on voudrait juste être présentables (on nous le demande, d'ailleurs), et si possible sans faire d'histoires, sans se prendre la tête, et sans que ça nous coûte les yeux de la tête.

Évidemment, ce serait beaucoup plus facile si l'on pouvait faire un bras d'honneur aux défilés de la Cour Carrée, et si on envoyait bouler l'écrasante dictature de l'industrie de la mode. Si vous, vous y êtes parvenue, chapeau : vous partez avec une longueur d'avance.

Personnellement, ce n'est pas mon cas. Je n'ai pas encore atteint le point où il m'est possible de me contrefoutre de tous ces diktats. Toutefois, à force de persévérance, j'ai atteint celui où j'arrive à en ignorer un maximum.

Après des mois de tergiversations, donc, j'ai finalement réussi à définir le style qui me convient. Et j'ai appris un certain nombre de choses au passage :

En ce qui concerne les habits, comme dans bien d'autres domaines, qui peut le plus peut le moins. C'est beaucoup plus simple de tourner autour de deux ou trois basiques qui ne se démodent jamais et qui vont bien ensemble, que d'avoir une penderie bondée des derniers trucs à la mode. Ceux-là, si toutefois ils ont eu la moindre classe un jour, ne la gardent jamais longtemps. Et en plus, on n'arrive jamais à les assortir entre eux.

Je me suis rendu compte que je n'avais pas besoin d'avoir dans ma penderie toutes les couleurs de l'arc-en-ciel. En réduisant ma palette à deux ou trois indémodables, je me suis considérablement simplifiée le fameux casse-tête de l'harmonie des tons.

Je ne vois pas non plus l'utilité de garder plus de deux-trois paires de chaussures à la fois dans mon placard. Et toutes celles que j'ai ont la même hauteur de talon.

J'ai éliminé tous les accessoires qui squattaient depuis des années mes tiroirs : pour la plupart, je ne m'en servais quasiment jamais.

Je ne vous raconte pas à quel point s'en tenir simplement à deux ou trois paires de boucles d'oreilles, peut faire des vacances.

Avant d'acheter un vêtement, j'ai appris à systématiquement vérifier qu'il a des poches : ça m'évite d'avoir à me trimballer un sac.

Je me suis constituée une garde-robe toute simple, à partir de deux ou trois pièces que j'avais déjà et qui me plaisaient. L'idée, c'était de me trouver un look basique, une sorte d'uniforme sur lequel je puisse ajouter ou enlever des couches à ma guise, en fonction des différentes saisons.

Le plus dur, ça a été de trouver ce qui fait que je me sente si bien dans ces vêtements, afin de pouvoir faire évoluer mon stock sans commettre d'erreurs, au fur et à mesure que les pièces rendent l'âme et qu'il faut les renouveler.

Et je veux pouvoir reprendre le processus à zéro le jour où le besoin s'en fera sentir (le plus tard sera le mieux).

Je sais que bien des femmes vont trouver saumâtre cette approche qui limite la gamme des couleurs et la variété des styles. Mais celles qui cherchent à se créer un style simple et personnel trouveront ici, je l'espère, quelques principes de base à adapter selon les règles qu'elles se sont elles-mêmes fixées. Puissent-elles être guidées par leurs besoins personnels et les circonstances qui leur sont propres. Et non pas par les commandements de la mode.

94
Commencez déjà avec ce que vous avez

Une des règles que nous avons appliquées pour nous débarrasser du foutoir dans la maison est la suivante : « Si ça n'a pas servi depuis un an, c'est que c'est bon à jeter. » Ce sont les penderies qui en ont fait les frais en premier.

Quand j'ai ouvert mon placard, et que j'ai vu tous les trucs que je n'avais pas portés depuis au moins un an (certains même pendant beaucoup plus longtemps que ça), forte a été la tentation de tout balancer. J'ai eu envie de ne garder que ce que j'avais sur moi, et de tout recommencer de zéro.

Bien que je me sois débarrassée de pas mal de choses lors de ce premier raid, je n'ai pas eu le cran de tout foutre en l'air. Je m'en suis d'ailleurs félicitée plus tard.

Il se trouve que, perdus au milieu de tous les vêtements que je n'avais pas portés depuis un bon moment (et de tous ceux que je portais, mais sans grande conviction), se trouvaient plusieurs trésors. C'étaient des pièces que j'avais depuis des années. Je les aimais bien et je les avais toujours régulièrement portées : deux ou trois vestes, une jupe longue, deux pantalons, et quelques petits hauts.

Et pourquoi je n'arrêtais pas de les porter ? Parce que je me sentais bien dedans. Ils étaient confortables. La couleur, la coupe, le tissu, le style, tout m'allait comme un gant. Celles-là, je les ai gardées. Quant à pratiquement toutes les autres (bien qu'à ce stade, pas encore vraiment toutes), je les ai balancées : les pulls, les tailleurs, les chemisiers, les chemises, les vestes, les paires de chaussures, de bottes, et plusieurs tiroirs pleins d'accessoires. Je savais très bien que tout ces trucs, jamais plus je n'allais les porter.

Ces quelques pièces que j'aimais bien allaient me servir de point de départ à la garde-robe simplifiée que je voulais me constituer ; je les ai placées sur le devant de ma penderie. J'en ai pendu quelques autres, sur lesquelles je n'avais pas encore vraiment statué, sur un cintre, au fond. Histoire d'avoir quelque chose sur quoi me rabattre, au cas où mon idée de look simple se révélerait foireuse. Et une fois que ma nouvelle garde-robe a été sur pied, il m'a été plus facile de bazarder les trucs que j'avais gardés sous le coude en cas d'urgence.

Si vous sentez que votre penderie part dans tous les sens et que vous envisagez de prendre telle ou telle mesure pour la simplifier, ne balancez pas TOUT par dessus bord. En tout cas, pas tout de suite. Vous avez sûrement, vous aussi, quelques bons vieux trucs que vous portez tout le temps. Si c'est le cas, gardez-les.

Si vous savez pourquoi vous les aimez et pourquoi ils vous vont si bien, il va être beaucoup plus facile de composer autour (voire de les remplacer à l'identique). Mais si, comme ça a été mon cas à l'époque, vous n'en avez pas la moindre idée, ne vous en préoccupez pas pour l'instant. On va y revenir. Commencez plutôt par examiner les quelques questions qui suivent.

95

Limitez la gamme des tons

Il y a quelques années, pour choisir les couleurs de mes vêtements, j'allais consulter chez un des gourous en vogue à l'époque. J'en repartais avec un grand panneau contrecollé sous le bras, à accrocher dans ma penderie. Une quarantaine d'échantillons de couleurs y pendouillaient, balayant le spectre de celles qui convenaient le mieux à mon teint de peau.

On m'avait également remis un nuancier de ces mêmes couleurs, plié en accordéon et de la taille d'une carte de crédit, de façon à l'avoir toujours à portée de main dans mon sac quand je partais faire mon shopping. Enfin vous voyez le tableau !

Quand j'ai commencé à faire du ménage dans ma penderie avec comme objectif de simplifier, j'ai eu comme un éclair de lucidité. Ce n'est pas parce que ce consultant m'avait dit que toutes ces couleurs m'allaient, que je devais me sentir obligée de les porter forcément toutes. Dans mon placard, je n'avais pas le kit complet, évidemment, mais on n'en était pas loin.

Théoriquement, chaque ton dans une gamme donnée pouvait se porter avec n'importe quel ton de n'importe quelle autre gamme. Mais avec moi, ça n'a jamais marché. J'ai toujours soupçonné les fabricants de vêtements d'ourdir tous ensemble, afin de s'assurer qu'aucun des tons sur lesquels ils travaillent ne puissent être en accord avec les nuanciers des consultants.

Si tel n'est pas le cas, ces gens ont assurément un génie certain pour faire en sorte que les couleurs décrétées « tendance » cette année, non seulement soient parfaitement incompatibles avec celles de l'année d'avant, mais également parfaitement incompatibles avec toutes les couleurs décrétées « tendance » des années précédentes. Mais bien que ces nuanciers soient quelque peu dépassés aujourd'hui, de nombreuses femmes les ont toujours présents à l'esprit au moment d'acheter leurs vêtements.

Résultat : d'une saison à l'autre, on est des millions à se retrouver avec des penderies bourrées d'habits impossibles à assortir les uns aux autres. Voilà une des multiples ruses que les industriels du vêtement utilisent pour nous rouler. L'idée, c'est de nous convaincre d'année en année de remettre toute la gomme dans une quête d'élégance qui d'ailleurs, le plus souvent, se solde par un échec.

Quand j'ai réalisé à quel point une gamme de tons aussi large compliquait ma garde-robe, j'ai ramené ça à trois couleurs.

Celles que j'ai finalement choisies, noir, blanc, et un camaïeux de gris (avec quelques touches de gris taupe) ne sont pas forcément celles que tout le monde aurait choisies, et à vrai dire je ne suis pas certaine qu'elles aient fait partie de mon choix initial. Si je les ai choisies, c'est parce que c'étaient les couleurs des mes habits préférés ; ceux que je portais tout le temps, dans lesquels je me sentais bien, et donc qui devaient me servir de base pour constituer ma nouvelle garde-robe.

Par ailleurs, si je me suis cantonnée à des couleurs plutôt sombres, c'est parce que les couleurs sombres s'adaptent un peu à toutes les saisons et vous donnent tout de suite un brin d'allure et de professionnalisme. Plusieurs lectrices qui ont eu une démarche similaire me l'ont d'ailleurs fait remarquer. (Vu que j'ai des chiots noir, blanc et gris tout simples, je me suis dit que j'allais faire d'une pierre deux coups, et régler par la même occasion le problème des poils de chien. Les poils noirs iraient se coller sur les vêtements noirs. Les blancs, sur les vêtements blancs. Et les gris, sur les vêtements gris. Et comme chacun sait, rien ne tache sur le « taupe ». Bon. Ça marche ou ça ne marche pas. Mais j'ai arrêté de me mettre martel en tête ; je relativise, même pour les poils de chien.)

Je ne me sens pas obligée de rester bloquée sur ces couleurs pour le restant de mes jours. Mais pour le moment, et dans un futur proche, ce sont celles-là qui me conviennent. Et avec des couleurs aussi basiques, rien ne m'empêche d'une année à l'autre de m'autoriser une petite note de fantaisie. J'enfile un petit haut ou une veste de couleur et hop ! Ça ravive.

Limiter la gamme de tons, ça permet aussi de simplifier dans les accessoires : bijoux, foulards, ceintures, sacs et chaussures.

Maintenant, prenez juste une seconde pour imaginer à quel point ça vous simplifierait la vie de faire votre shopping en vous limitant aux deux ou trois couleurs qui vous vont le mieux. Et regardez le nombre phénoménal de trucs que vous pourriez ignorer, simplement parce qu'ils ne sont pas en accord avec votre palette.

96

J'ai rien à me mettre !

Pendant de longues années, j'ai espéré trouver la tenue classique et passe-partout que je pourrais porter aussi bien au boulot que dans les dîners en ville, pour faire ma gym, ou en toute autre circonstance.

Je me voyais déjà acheter cette tenue miracle en sept exemplaires (une pour chaque jour, comme Einstein, paraît-il), et l'affaire aurait été classée. Plus jamais, enfin presque, je n'aurais à me prendre la tête pour me constituer une garde-robe qui tienne la route, ou à perdre du temps le matin à me demander ce que je pourrais bien mettre.

Un jour peut-être ! Un jour peut-être ma vie sera tellement simple que la même tenue fera l'affaire en toutes circonstances. Mais je sais maintenant que j'ai besoin de trois types de vêtements différents : des vêtements décontractés pour faire ma balade du matin et travailler à la maison sur mon ordinateur ; une panoplie de femme d'affaires ; et puis quelque chose d'intermédiaire, ni trop sapé ni trop relax, pour mes déjeuners de travail ou pour sortir dîner.

Les grandes tenues, depuis qu'on s'est simplifié la vie, je ne veux même plus en entendre parler. Les rares fois où j'assiste à une réception un peu sapée, c'est la panoplie de femme d'affaires ou rien. Sinon, je suis les préceptes de Thoreau : j'évite soigneusement les trucs genre « Tenue de soirée exigée ».

Si vous ne vous êtes jamais penché sur la question, prenez un moment pour faire le point sur le genre de vêtements dont vous avez réellement besoin, selon le type d'activités que vous menez.

Ça a l'air bête, mais l'usage et la forme, ce sont deux choses distinctes. La plupart du temps, on croit rêver. Je connais comme ça un certain nombre de femmes qui adorent les tailleurs genre femme d'affaires et qui en ont plein leurs placards, mais qui au boulot, doivent porter des trucs passe-partout. Leurs penderies sont bourrées à craquer, et elles n'ont jamais rien à se mettre.

97
Trouvez la silhouette qui vous avantage le plus

Un facteur qui contribue à placer encore un peu plus haut sur l'échelle de la complexité le sujet de la mode, c'est l'incroyable variété de styles qui se présente aux femmes. Pour les hommes, ça reste limité et c'est sans grande surprise. Mais pour les femmes, le choix est sans fin. Résultat : pour arriver à trouver un style ou une coupe acceptable, qui convienne à notre corps en particulier, c'est d'une complexité extrême.

Vous allez me dire : se trouver une silhouette potable, ce n'est quand même pas le bout du monde ! Mais vous, au cours de vos petites virées shopping, combien de fois avez-vous craqué pour un vêtement dont vous êtes tombé amoureux parce qu'il avait une allure folle sur un mannequin de vitrine, ou même sur un cintre, pour vous apercevoir une fois rentré à la maison que, sur vous, ça n'avait pas une allure si folle que ça, finalement ?

On adore le tissu, on adore la couleur, on adore l'idée, on est persuadé que c'est exactement le truc qu'il nous faut. Mais on a beau l'avoir passé dans la cabine d'essayage du magasin, il faut se rendre à l'évidence : ça ne nous va pas, point.

Le plus souvent, on le garde, parce qu'on a la flemme d'aller le rapporter et de tout recommencer. Et à tous les coups, ce genre de trucs, ça finit au fond de l'armoire. On ne les porte jamais ; et quand on les porte, c'est inconfortable au possible.

La plupart du temps, quand un truc ne nous va pas, ce n'est pas un problème de taille, c'est un problème de silhouette. Une fois c'est le buste qui est trop long, une fois ce sont les jambes qui sont trop courtes, une fois c'est trop juste aux épaules, une fois ça baille aux hanches. Ou alors c'est trop chargé. Ou trop sévère. Bref, il y a un truc qui cloche.

Que l'on soit grand ou petit, frêle ou costaud, jeune ou vieux, large ou menu, il y a toujours au moins une silhouette qui nous avantage. Là-dedans, on se sent beau comme un camion et on est le roi du pétrole. Pour trouver cette silhouette, ce n'est pas toujours simple ; même si, en général, on finit par y arriver. Mais une fois qu'on l'a trouvée, ça le devient carrément.

Concentrez vos recherches sur une ou deux silhouettes qui vous vont : ça va simplifier votre garde-robe, présente et à venir, d'une façon absolument incroyable. Une fois que vous aurez trouvé le look qui vous convient, vous allez pouvoir décliner à l'infini. Une année, vous rajoutez une pièce, l'année suivante, vous en dégagez une autre ; ou alors vous alimentez au fur et à mesure, selon vos besoins. Vous pouvez la jouer plus ou moins habillée. Et en ajoutant ou en enlevant des couches, vous êtes paré hiver comme été.

Quand on a trouvé la silhouette idéale, adieu l'éternelle frustration de se trouver habillé comme l'as de pique. Soudain, on se lève le matin, on saute dans ses vêtements, et on n'a plus à se soucier de chiffons pour le reste de la journée. On gagne du temps. On fait des économies. Ça fait une chose de moins qui nous complique la vie.

Vous devez probablement savoir quelle est la silhouette qui vous avantage. Mais si, pour vous, cette idée reste un des grands mystères de l'existence, simplifiez le processus : faites-vous aider.

98
Si vous avez besoin d'un coup de main, faites-vous aider

Quand j'en ai eu marre de me débattre, d'une part à essayer de comprendre quels sont les vêtements qui me vont, et d'autre part pourquoi ils me vont, j'ai pris le taureau par les cornes : j'ai demandé conseil.

Mon idée, c'était d'aller chercher dans un des magasins du coin une vendeuse qui aurait un peu de goût, afin qu'elle me donne quelques tuyaux. Moi aussi, j'avais envie d'avoir un peu d'allure.

En l'espace de deux ou trois semaines, j'avais écumé les boutiques les unes après les autres et parlé à trois ou quatre femmes différentes, en leur expliquant ce que je cherchais.

Les deux premières ont vaguement tenté de me conseiller ; mais de toute évidence, ça ne les passionnait pas vraiment.

La troisième, elle, fit preuve d'un enthousiasme certain. Mais quand j'ai vu ce qu'elle me sortait des rayons, bien qu'elle-même ait été plutôt bien habillée, j'ai tout de suite compris qu'elle pédalait dans la choucroute.

À la quatrième tentative, j'ai tapé dans le mille. Je suis tombée sur une femme enthousiaste et qui connaissait son affaire. Quand je lui ai expliqué ce que je recherchais, à savoir me créer un look simple, elle a tout de suite percuté. Je lui ai juste dit deux mots pour expliquer quels étaient mes besoins vestimentaires, et autour de quelles couleurs je voulais tourner.

On est convenu d'un rendez-vous une semaine plus tard ; ça lui laissait un peu de temps pour envisager différentes combinaisons. Elle m'a demandé si je pouvais apporter avec moi les tenues que j'aimais bien, afin de pouvoir se servir de ma collection personnelle comme base de départ.

Au cours des semaines qui ont suivi, elle a passé plusieurs heures avec moi. Elle m'a expliqué ce qui m'allait et ce qui ne m'allait pas, aussi bien parmi les trucs de ma propre penderie que parmi ceux qu'elle avait sortis de ses rayons à elle, et pourquoi ; une fois c'est parce que la veste était trop courte, une fois parce que la jupe était trop longue, ou encore parce que la coupe n'était pas celle qui convenait à mes formes, par exemple.

Son aide m'a permis de concentrer mes recherches sur la silhouette qui m'avantageait le plus. D'abord, elle m'a conseillé des trucs qui iraient bien avec mes ensembles de femme d'affaires. Et ensuite d'autres, confortables et faciles à laver pour travailler à la maison. En superposant des couches, je n'aurais aucun problème d'une saison à l'autre. On y a ajouté deux ou trois pièces, afin que je puisse donner à mes tenues d'affaires un petit côté relax, et à mes tenues relax une touche d'élégance. De cette manière, je pourrais optimiser chacune des pièces de ma penderie.

En me faisant aider par une pro pour constituer une garde-robe toute simple, j'ai pu réduire à une par an, maximum, la cadence de mes expéditions shopping. La dernière en date remonte à plus d'un an et demi ; et la seule chose que j'ai achetée, c'est deux trois T-shirts pour tenir l'été.

Maintenant que je sais exactement quelle type de silhouette je recherche et quels sont les vêtements qui me conviennent, j'arrive à échapper à ces achats qu'on fait sur un coup de tête. C'est vrai que ça fait grimper la courbe des bénéfices des grosses boîtes, mais en ce qui me concerne, ça a rarement contribué à la qualité de ma garde-robe.

L'avis d'une pro m'a fait gagner un temps incroyable, un maximum d'argent, d'énergie, et m'a simplifié la vie à un point que vous n'imaginez pas.

Si vous n'arrivez pas à trouver une vendeuse qualifiée pour vous aider, essayez de trouver une amie, ou un ami, qui ait le sens inné du style. Eux vont vous guider. (Au pire, regardez dans les Pages Jaunes, il y a des spécialistes de la chose.) Vous pouvez également demander autour de vous. Quelqu'un connaît peut-être quelqu'un qui pourrait vous guider, et vous lui donnerez les détails par le menu. Assurez-vous simplement de suivre votre instinct, tout au long du processus.

Et ne sous-estimez pas les dépôts-ventes ; quand on veut se constituer une garde-robe simple mais de qualité, c'est une excellente adresse.

99
Le sac tout simple

Un jour, il y a de ça quelques années, je vais faire des courses et je me gare sur le parking, juste devant l'épicerie. Au moment de sortir de ma voiture pour entrer faire mes achats, tout à fait par hasard, je jette un coup d'œil vers celle qui vient de se garer à côté de moi.

Je vois une femme s'en extraire, jeter sur son épaule un sac à main de la taille d'un sac de paquetage, et traverser le parking pour entrer dans le magasin.

Je savais parfaitement ce qui allait se passer : elle allait se trimballer avec ce sac sur l'épaule, à travers tout le magasin, pendant un bon quart d'heure, et une fois arrivée à la caisse, elle allait payer ses courses, les mettre dans sa voiture, monter dedans et démarrer.

Elle aurait passé tout ce temps à se trimballer avec cet énorme sac sur l'épaule, et la seule chose qu'elle en sortirait, c'est un chéquier ou une carte de crédit en plastique d'environ 8 x 5 cm, lourd de quelques grammes à peine.

Je le savais d'autant mieux que c'est très exactement ce que j'allais faire, et très exactement ce que, depuis des années, je faisais régulièrement moi-même.

Le soir même, en rentrant à la maison, j'ai vidé le contenu de mon sac sur la table de la salle à manger. J'ai tout trié, pour ne garder que les trucs dont je m'étais servie au cours de la semaine qui venait de s'écouler ; mon portefeuille, un stylo, mon tube de rouge à lèvres, et un énorme trousseau de clés. J'ai reflanqué tout le reste dans le grand sac, et je m'en suis trouvé un plus petit pour mettre les choses dont je me servais vraiment.

J'ai jeté le grand sac dans le coffre de la voiture, au cas où, on ne sait jamais, j'aie soudain besoin d'une paire de caoutchouc, d'un couteau à dents de scie, d'un petit tube de crème pour les mains, d'une boîte de mouchoirs en papier passablement déchirée, d'un atomiseur de parfum vide, d'une grande brosse à cheveux, d'un tube de dentifrice miniature au bout du rouleau, d'une lampe de poche, d'une calculette, ou de n'importe lequel de ces objets absolument indispensables qu'on balance au fond de nos fourre-tout gargantuesques.

Six mois passent. Le kit d'urgence dans le coffre de la voiture n'a toujours pas bougé d'un centimètre. La marque de la lanière incrustée dans mon épaule, en revanche, s'est peu à peu estompée. Et si j'en bazardais encore un peu ?

Cette fois, je renouvelle l'opération, mais sur le petit sac. De quoi m'étais-je servie, au juste ? De quatre cartes en plastique format carte de crédit, très exactement : mon permis de conduire, ma carte de bibliothèque, ma carte de crédit, et une carte Renault Assistance dont, en fait, je n'avais pas eu besoin de me servir, mais on ne sait jamais.

J'ai sorti l'argent de mon portefeuille, et j'ai mis le portefeuille de côté. Dedans, il y avait plein de photos en tout genre, des vieux reçus, des cartes de visite à moitié déchirées, et des bouts de papier miteux, griffonnés de notes cryptiques. J'ai plié les billets, j'y ai ajouté deux ou trois chèques, et j'ai enroulé tout ça avec mes cartes de plastique au moyen d'un élastique à large bande sur lequel, pour m'amuser, j'ai écrit à l'encre noire : « Gucci ».

Je me suis débarrassée de toutes les clés, à l'exception d'une seule : celle de ma voiture. Donc, plus besoin d'anneau (j'entre chez moi par le garage, au moyen d'un bip électronique).

Puisque je ne signe plus de chèques (*cf.* chapitre 80), plus besoin de stylo. D'ailleurs, si le besoin s'en faisait sentir, il y en a toujours un qui pendouille du comptoir, au bout d'un fil de plastique.

J'avais déjà renoncé à porter des lunettes de soleil. Devoir constamment les mettre, les enlever, et farfouiller au fond de mon sac pour les retrouver, ça me tapait sur le système.

Je garde toujours un peu de monnaie dans le cendrier de la voiture. À chaque fois qu'on m'en rend, c'est là que je la mets.

J'ai toujours une petite réserve de mouchoirs en papier dans la boîte à gants. En cas d'urgence.

Finalement, un beau jour, je me suis débarrassée du sac d'urgence que je gardais dans le coffre.

Je reconnais que même si j'ai été ravie de ne plus avoir à me trimballer en permanence un sac énorme, j'ai vécu des affres : les affres du manque. D'une part, je m'y étais tellement habituée que, pendant quelque temps, j'ai eu l'impression d'être nue, sans mon sac. Mais en plus, mon sac était devenu ma deuxième maison. Il y flottait cette peur rampante qu'un jour, on ne sait jamais, je pourrais effectivement avoir besoin de l'un ou l'autre de ces petits trucs, plus inutiles qu'autre chose, dont je ne me départissais à aucun moment. Mais en les voyant étalés sur la table de la salle à manger, j'ai réalisé que je n'avais touché à rien depuis des lustres. Il y en a même que je n'avais jamais touchés du tout.

Mais je n'ai pas mis longtemps à m'y faire. Et une fois qu'on n'a plus à se traîner un engin pareil, plein d'objets inutiles, on boit du petit lait. Plus question de faire machine arrière.

Maintenant, quelle que soit la tenue que je porte, une poche suffit pour caser mon rouleau (estampillé « Gucci ») de cartes/chèques/billets de banque, ma clé de voiture, et la seule chose dont je ne me départirai jamais, même si je devais échouer sur une île déserte : mon tube de rouge à lèvres.

Et voilà. C'est simple comme bonjour. Et bonjour la liberté.

XIII

La penderie toute simple (pour Monsieur)

100

Classieux : les plans tout simples de Gibbs au rayon Homme

Gibbs se porte volontaire pour partager sa vision personnelle de la penderie toute simple pour Monsieur. Voilà ce que ça donne :

« Dans le monde du travail, c'est beaucoup plus facile pour les hommes que pour les femmes. À moins d'être une star, il suffit d'être propre sur soi, correct, et de ressembler aux gens avec lesquels on travaille. Un truc tout simple que les fabricants de vêtements voudraient juste nous faire oublier, c'est le suivant : à moins que ce soit particulièrement voyant, personne ne se soucie de ce qu'un homme porte sur le dos.

« Il y a quelques années, l'un de mes amis a simplifié sa garde-robe de boulot en la ramenant à ceci : un costume gris avec deux pantalons, trois chemises bleues, une cravate, une paire de chaussures, et quelques paires de chaussettes rigoureusement identiques. Personne ne s'est aperçu de rien.

« Je lui ai demandé ce qu'il changerait, s'il devait recommencer. Sa réponse a été : la prochaine fois, je ne prendrais pas deux pantalons, mais trois, parce qu'un pantalon, ça s'use plus vite qu'une veste.

« Le reste des vêtements, ceux qu'on ne porte pas au boulot, devraient être choisis en fonction de ce à quoi on les destine : il y a ceux pour aller à la pêche, ceux pour couper du bois, et ceux pour aller guincher, par exemple. Choisissez-les avant tout sur des critères pratiques.

« En ce qui concerne l'apparence, évitez tout ce qui scintille. »

En ce qui concerne les habits simples pour homme, il n'y a pas grand-chose d'autre à ajouter. Ce qui en dit déjà long.

Petite pensée finale

Cela fait maintenant plus de cinq ans que Gibbs et moi avons pris la décision de mener une vie simple. Avec le recul, il s'avère que c'est l'une des meilleures décisions que nous n'ayons jamais prises. Non seulement cela a été pour nous une aventure rigolote et stimulante, mais cela nous a donné la chance incroyable de prendre du recul et de prendre la vie un peu moins au sérieux. Nous avons réalisé que, même si l'on n'arrive jamais à faire tout ce qu'on a envie, cela n'empêche pas d'être heureux et comblé. La vérité, c'est que la plupart du temps, ce sont les moments simples qui donnent un sens, et de la profondeur, à la vie.

Au niveau le plus basique, le processus de simplification permet d'élaguer dans le nombre incroyable de possibilités qui se présentent tous les jours devant nous, et qui prennent tellement de temps et d'énergie.

Il n'y a pas si longtemps, quand on avait envie d'une glace, c'était vanille, fraise, ou chocolat. Aujourd'hui, il faut choisir parmi des dizaines de parfums. Il n'y a pas si longtemps, quand on voulait s'acheter une nouvelle voiture, le choix était limité à quelques dizaines de modèles. Aujourd'hui, il y en a des centaines. Et cette courbe exponentielle s'applique à la plupart des domaines de notre vie : les aliments dont on se nourrit, les habits qu'on porte, les émissions de télé qu'on regarde, la musique qu'on écoute, les sports qu'on pratique, les sites qu'on explore sur le Web, et *tutti quanti.*

Les uns comme les autres, on en est arrivé au point où on passe plus de temps à choisir le parfum, qu'à apprécier la glace. Comme une lectrice, Kathy Louv, le dit si bien : « J'apprends à me dé-HäagenDazser la vie. »

Et comment fait-on ? D'abord, il faut prendre conscience du problème. Ensuite, il faut s'entraîner. L'idée, c'est d'arriver à minimiser le nombre de choix auxquels nous exposent le foutoir qu'on accumule, les activités auxquelles on participe, les espérances qu'on caresse, et les virées dans les grands magasins.

Inversement, quand on n'a pas le choix du tout, ça complique la vie. Le plus formidable des défis auxquels nous devons faire face, c'est de trouver l'équilibre harmonieux entre les opportunités qui s'offrent à nous, le besoin inculqué par les médias de vouloir toutes les saisir, et l'aspiration qui nous est propre à se concentrer sur les choses qui comptent vraiment dans la vie.

Quelques livres simplement pratiques

À l'exception de ceux marqués d'un astérisque, la plupart de ces livres, parfois spécifiquement américains, ne sont pas traduits en français. Nous avons toutefois jugé utile de vous en donner les références.

Maison/Famille

Campbell, Jeff. « Clutter Control : Putting Your Home on a Diet »(Dell Trade, NY, 1992). Il y a des dizaines de livres qui vous expliquent comment s'organiser sur le marché. À mon avis, celui-là est le meilleur. Approche basique, pas de baratin. Fait parfaitement la paire avec « *Speed Cleaning* », listé ci-après. Mais souvenez-vous : la meilleure façon de contrôler son foutoir, c'est de s'en débarrasser, et de s'y tenir. C'est l'un des principes de base de la vie simple.

Campbell, Jeff and the Clean Team : « Speed Cleaning » (Dell Trade, NY, 1987). Un système délicieusement simple pour simplifier les corvées de lessive à la maison.

**Rosemond, John : « L'Autorité des parents dans la famille : une manière sensée d'élever les enfants aujourd'hui » (Éd. de l'Homme, 1983, 296 pages, 25F).* Une approche simple et basique pour élever ses enfants, les responsabiliser, et leur apprendre à organiser leurs loisirs – et donc, plus tard, leur bonheur – par eux-mêmes. Rosemond donne également ses recommandations quant à la consommation télé à la maison.

Wilson, Mimi, et Mary Beth Lagerboard : « Once-a Month cooking »(St Martin's Press, NY, 1986). Guide pratique pour préparer d'un seul coup deux semaines, ou même un mois, de plats de résistance.

Travail/Créativité

Boldt, Laurence G. : « How to Find the Work You Love » (Penguin, NY, 1996). Ce livre ne donne pas les réponses, mais aide à se poser les bonnes questions. L'auteur explique d'une façon merveilleuse pourquoi, pour s'épanouir et pour trouver la paix intérieure, on a le devoir et la responsabilité de trouver le job de sa vie.

**Cameron, Julia : « Libérez votre créativité : osez dire oui à la vie » (Dangles, 1995. 310 p., 116 F).* Ce livre suggère de procéder étape par étape. Suivez-le, et vous arriverez peut-être à trouver le job de votre vie.

Orsborn, Carol : « Enough Is Enough : Exploding the Myth of Having It All » (Putnam, NY, 1996). Histoire délicieuse d'une superwoman qui décide d'en revenir à de plus saines attentes.

Saltzman, Amy : « Downshifting : Reinventing Succes on a Slower Track » (Harper Collins, NY, 1991). Le constat d'une journaliste économique quant à l'évolution positive de notre comportement vis-à-vis du travail et des loisirs. Propose cinq stratégies pour réduire le temps de travail. Ce livre contient des entretiens avec des gens qui ont pris la décision de mener des vies plus équilibrées, et explique comment ils y sont arrivés.

Schor, Juliet B. : « The Overworked American : The Unexpected Decline of Leisure » (Basic Books, NY, 1991). Rapport érudit démontrant comment les exigences de l'employeur et le rapport de dépendance qu'engendre la consommation acculent à des temps de travail plus longs au détriment du temps libre. À la clé, une redoutable prise de conscience quant à notre cadence de travail au jour le jour.

Argent

Dacyczyn, Amy : « Tightwad Gazette II » (Villard Books, NY, 1995). Comme dans son premier livre, *Tightwad Gazette,* Amy Dacyczyn liste des centaines façons de dépenser moins. Hymne à la parcimonie, ces livres proposent de nombreux poins de vue dérangeants, optimistes et amusants, utilisables pour tous, sur la façon de dépenser son argent.

Dominguez, Joe, et Vicki Robin : « Your Money or Your Life : Transforming Your Relationship with Money and Achieving Financial Independance » (Viking, NY, 1993). Ce livre va changer le regard que vous portez sur l'argent. Il propose une stratégie pratique pour se simplifier la vie, tant sur le plan du travail que sur celui des finances. Explique comment fixer un budget mensuel, et comment se servir d'un graphique pour faire le suivi de ses rentrées et de ses dépenses.

The Green Group : « 101 Ways to Save Money and Save our Planet » (Paper Chase Press, 1992). Ce petit livre met l'accent sur des façons intelligentes de dépenser moins tout en préservant la planète.

Hunt, Mary : « The Cheapskate Monthly Money Makeover » (St Martin's Press, NY, 1995). Propose une approche savoureuse pour réorganiser ses finances et adopter une attitude saine vis-à-vis de l'argent. Donne également dans les grandes lignes un système raisonnable pour établir un plan mensuel des dépenses.

Long, Charles : « How to Survive Without a Salary » (Warwick Publishing Group, Toronto, 1991). Quelques idées intéressantes sur le thème : comment s'en sortir avec moins, et faire avec ce qu'on a. Un style de vie qui ne sera peut-être pas adapté à tous mais jouable.

Terhorst, Paul : « Cashing in on the American Dream : How to Retire at 35 » (Bantam, NY, 1990). Témoignage d'un expert comptable, ex-associé de Peat Marwick Mitchell & Co., qui a réalisé ses biens pour prendre sa retraite à 35 ans. Affirme qu'une maison, ou des capitaux propres, sont des fonds qui peuvent permettre de prendre une retraite anticipée si on les fait travailler. Bien que les chiffres et taux d'intérêts cités en référence ne soient plus très réalistes dans le climat financier actuel, ce plan peut être adapté à votre situation, si vous disposez de fonds.

Options de vie

**Bennet, Steven, et Ruth Bennet : « 100 idées pour occuper vos enfants chez vous sans la télé » (La Sirène, 1995, 108 p., 3 vol., 59 F).* Propose des activités à faire tant à l'intérieur que dehors, sans préparation particulière ou presque. Des heures et des heures de loisir qui, sans ça, seraient passées devant la télévision.

Eisenson, Marc, Nancy Castleman, and March Ross : « Stop Junk Mail Forever » (1994. Sur commande chez Good Advice Press. Box 78, Elizaville, NY 12523, USA. Tel : 00.1.914.758.1400. Prix : 3 dollars). Le programme le plus imparable que j'aie trouvé pour en finir avec le déluge de prospectus dans la boîte aux lettres.

Kelly, Jack and Marcia : « Sanctuaries »(Bell Tower, 1994). Guide des monastères et des lieux de retraite aux Etats-Unis.

Existe en deux versions : côte Est et côte Ouest.

**Guide des monastères en France (éditions Horay)*

**Guide St Christophe*

**Lindberg, Anne Morrow : « Solitude face à la mer »(Presses de la Cité, 1968, 152 p., 35F).* Une autre vision de la vie simple, et de ce qui nous la complique en général.

Peace Pilgram : « Her Life and Work in Her Own Words »(1992. Sur commande chez Ocean Tree Books, Post Office Box 1295, Santa Fe, New Mexico 87504, USA). Histoire extraordinaire d'une femme qui s'est simplifiée la vie (jusqu'à ne plus garder qu'un peigne et une lime à ongles), et qui a porté son message d'amour et de paix à travers tous les États-Unis. Tous ceux qui rêvent sincèrement de vivre une vie simple adoreront.

« Simple Living Journal » (Sur commande chez Publisher Janet Luhrs, 2319 North 45th Street, Box 149, Seattle, WA 98103, USA. Tel : 00.1.206.464-4800. 14 dollars par ans, pour les États-Unis. Bulletin trimestriel partageant ses idées sur le processus de simplification, et rapportant des histoires vraies d'Américains qui en ont fait leur quotidien.

Stoll, Clifford : « Silicon Snake Oil : Second Thoughts on the Information Highway » (Doubleday, NY, 1995). Le regard fascinant que porte un expert en informatique sur l'ordinateur et tout le battage organisé autour d'Internet. Une analyse perspicace et pleine d'esprit, qui démontre pourquoi et comment l'ordinateur nous facilite et nous complique la vie tout à la fois.

Adresses utiles

Pour vous débarrasser des publicités à vos noms et adresses :

– Composez le 14 afin de joindre votre agence *France Telecom* puis demandez à figurer sur la Liste Orange.

– Écrivez à l'*Union Française de Marketing Direct :* donnez vos coordonnées en précisant que vous désirez figurer sur la Liste Robinson.

Pour plus de renseignements, appelez le 01 42 56 38 86.

Pour vous mettre au vert dans un monastère ou un lieu de retraite :

– *Association Saint-Christophe,* 277, rue Saint-Jacques, 75005 Paris. Tel : 01 48 00 76 99

Si vous désirez faire du bénévolat :

– Achetez *Le Guide des actions humanitaires* de Philippe Jost et Françoise Perriot (Hors Collection, 1994, 389 p., 110 F).

Pour donner les vêtements que vous ne mettez plus :

– Téléphonez à la communauté *Emmaüs* la plus proche de chez vous. Ils vous communiqueront les jours de ramassage. Tel : 01 43 54 27 48.

– Téléphonez à la *Croix Rouge* départementale ou locale. Ils vous ferons connaître la démarche à suivre pour leur faire parvenir vos vêtements.Tel : 01 44 14 68 88.

Pour vous débarrasser de votre matériel électro-ménager ou de vos meubles :

–Téléphonez à la *mairie* afin de connaître les jours et heures de ramassage.

– Contactez *Le Rayon Vert.* Cette organisation se charge de réparer le matériel de type radios, télés,etc... et de le distribuer aux enfants hospitalisés.

Pour donner vos livres :

– Apportez vos livres dans votre *bibliothèque.* Elle se chargera de les distribuer à des organismes humanitaires tels que ADEL 01 48 05 44 61) ou ADIFLOR (01 40 62 80 52).

– Téléphonez à l'association humanitaire *La Roue Tourne :* 01 47 68 50 96. Ils vous fixeront un rendez-vous afin de venir chercher vos livres à domicile. Pour la province, les déplacements ne s'effectuent à domicile que pour des grandes quantités. *La Roue Tourne* reprend également les CD.

Pour lutter contre les méfaits de la télévision ou pour rendre la télévision plus saine :

– Téléphonez ou écrivez à l'*Association européenne des téléspectateurs,* 10, rue Jean-Goujon, 75008 Paris. Tel : 01 45 63 44 74 ou à l'A.J.T. : *Association des jeunes téléspectateurs,* 25, rue Ernest-Renan, 94700 Maisons-Alfort. Tel : 01 43 53 95 70.

Mes notes personnelles pour une vie plus simple

Maquette et illustrations : Pascale Desmazières
achevé d'imprimer en mars 1998
dans les ateliers de Normandie Roto Impression s.a.
61250 Lonrai
N° d'imprimeur : 980466
Dépôt légal : mars 1998

Imprimé en France